Siona Ana

Serapis Bey

Klare Worte an die Menschheit!

Bitte fordern Sie unser kostenloses Verlagsverzeichnis an:

Smaragd Verlag
In der Steubach 1
57614 Woldert (Ww.)
Tel.: 02684.978808
Fax: 02684.978805
E-Mail: info@smaragd-verlag.de
www.smaragd-verlag.de

Oder besuchen Sie uns im Internet unter der obigen Adresse.

© Smaragd Verlag, 57614 Woldert (Ww.)
Deutsche Erstausgabe Januar 2009
Foto Cover:
© Argus - Fotolia.com
Umschlaggestaltung: preData
Satz: preData
Printed in Czech Republic
ISBN 978-3-938489-85-7

Siona Ana

Serapis Bey

Klare Worte an die Menschheit!

Smaragd Verlag

Das ist das Buch der Wahrheit.

*Durchgeben von Mitgliedern des Großen Rates,
bestehend aus Aufgestiegenen Meistern, Erzengeln,
Sterngeborenen.*

*Es ist von denen, die befugt sind, ihr Wissen an die
Menschheit weiterzugeben.*

Gegeben an die, die bereit sind zu empfangen.

Bereit für den Aufstieg.

*Hier spricht Gott selbst zu all seinen Seelen, um sie auf
ihren ureigensten Weg zu führen: den Weg nach Hause.*

*Dieses Buch ist all jenen gewidmet,
die es in Händen halten.*

*All jenen, die es lesen.
Genau in diesem Moment.*

Über die Autorin

 Kerstin Lichtlein (Siona Ana) hat ihr Leben in den Dienst der Menschheit gestellt. Durch viele Einweihungen der Geistigen Welt und Schulungen des Lebens ist sie heute mit den höchsten und reinsten Energien verbunden. Sie lebt und arbeitet mit der Führung des Göttlichen und hat dadurch Wissen, Fähigkeiten und die Weisheit der eigenen ursprünglichen Essenz erworben, die sie den Menschen, die den Weg zu ihr finden, zuteil werden lässt.

In ihrer spirituellen Schule findet jeder, wonach er sucht.

Kontakt: www.reiki-lichtengel.de
angel-heart1@gmx.de

Widmung

Ich widme dieses Buch meiner Oma, die ihr Leben lang für mich da war, wann immer ich sie brauchte. Erst als sie ging, war mir klar, wie wichtig sie für mich war.
Vielen Dank dafür.

Außerdem widme ich dieses Buch der Oma meines Mannes, die mir durch ein ganz besonderes Ereignis in der Nacht ihres Todes den letzten Schups zurück auf meinen Weg verpasste.
Vielen Dank dafür.

Ich widme es weiterhin all meinen Katzen, die so besonders sind.

Vor allem aber widme ich dieses Buch meinem Sohn Joshua, der mich die bedingungslose Liebe lehrte.
Vielen Dank, mein Großer.

Siona Ana

Danksagung

Ich möchte mich bei meinen Eltern bedanken, die mich so vieles lehrten. Ohne euch wäre ich heute nicht die, die ich bin.

Einen Dank auch an alle Menschen, die mir in meinen vielen Leben begegneten. Durch eure Lehren habe ich mich geformt.

Großen Dank meinem Mann, der meine Launen geduldig ertragen hat und erträgt. Danke dafür, dass du mir es ermöglichst, meine Aufgabe zu erfüllen. Wo wäre ich ohne dich? Ich möchte dir hier sagen, wie froh ich bin, dich an meiner Seite zu wissen.

Vielen Dank auch meinem Sohn, der mein größter Prüfstein und zugleich meine größte Liebe ist.

Vielen Dank unserem Hund Ben, der mich immer wieder in die Natur lockt, um meinen Geist zu reinigen.

Und, *last but not least*, vielen Dank allen Menschen, die immer an mich glaubten und es noch immer tun. Euch gebührt der größte Dank. Ihr wisst gar nicht, wie sehr ihr mich mit eurem Glauben an mich unterstützt.

Vielen, vielen Dank für alles.
Siona Ana

Inhalt

Vorwort

Die letzten Tage waren sehr turbulent. Als ich heute Abend eine Stunde Ruhe hatte und mich hinlegen wollte, um auszuruhen, stand Serapis Bey vor mir und sagte:

„Siona, es wird Zeit, etwas über dich und die Entstehung des Buches zu schreiben."

„Oh Gott", jammerte ich, „ich brauche erst etwas Ruhe."

Er lächelte mich an. *„Du hast Recht. Du brauchst Ruhe, denn in der Ruhe liegt die Kraft. Und die Kraft liegt in dir."*

Na ja, inzwischen kann ich seine Worte wohl richtig deuten, denn er nickte anerkennend, als ich **die Kraft in mir** aktivierte und an die Arbeit ging.

„Ich glaube nicht, dass es jemanden interessiert, über mich zu lesen", startete ich noch einen Versuch.

„Es ist immer interessant zu lesen, dass jeder Mensch sich weiterentwickeln kann."

„Na super", maulte ich, „dann heißt das, dass ich auch über meine Tiefschläge schreiben muss?"

„Sie gehören zu dir, und sie haben dich gelehrt."

Also gut, dachte ich mir. Dann mal los!

Über mich und die Entstehung dieses Buches

Ich bin im Januar 1968 im Zeichen des Wassermanns geboren. Ich heiße Kerstin Lichtlein (das ist kein Scherz/ Künstlername). Irgendwann habe ich mir vorgenommen, dass ich nicht umsonst so heißen soll und machte mir diesen Namen zur Pflicht: Licht in die Welt bringen. Aber ich greife voraus.

Mit zwei Jahren verlor ich meinen Vater durch einen Autounfall. Das war für mich der bewusste Beginn der Kommunikation mit der feinstofflichen Welt. Ich kann mich nicht daran erinnern, wie er als Mensch war, doch seine Energie war für mich niemals verschwunden. Er begleitete mich auf Schritt und Tritt. Gerade als Teenager, wenn ich jemanden zum Reden brauchte, war er für mich da. Er spendete mir gleichermaßen Trost und Freude. Er brachte mir sogar das Tanzen bei. Für meine Mutter war das alles sicher nicht leicht. Mit zwanzig Jahren Witwe zu sein, arbeiten zu gehen, um ein kleines Kind durchzubringen und erziehen zu müssen, da gehört eine Menge Portion Mut und Kraft dazu. „An dieser Stelle möchte ich dir dafür danken, dass du nicht aufgegeben hast!"

Einige Jahre später heiratete sie wieder, und ich wuchs in einer ganz normalen Familie mit Mutter, Vater und zwei Schwestern auf. Ich ging zur Schule, hatte eine Menge Freunde und lebte ganz normal. Das einzig „nicht Normale" war, dass ich in der Nacht fliegen konnte, Engel und Elfen umherschwirren sah und schon vorher wusste, wann jemand sterben würde. Letzteres wurde für mich zum Problem. Ich fühlte mich als Todesengel. Das wollte ich nicht sein. Durch viele zusammenhängende Umstände, die hier aufzuführen ein eigenes Buch ergeben würden, schloss sich meine Gabe.

Von heute auf morgen war alles weg. Keine Engel, keine Elfen, kein Fliegen mehr (was ich sehr vermisste), aber zum Glück auch keine Vorahnungen mehr, den Tod anderer Menschen betreffend.

Leider hatte ich aber auch keinen Zugang mehr zu Gott.

Hatte Gott mich verlassen?

Heute weiß ich, dass er immer da war. Ich wollte nur keinen Kontakt mehr. Die Angst in mir war zu groß.

Der einzige Kontakt zur Geistigen Welt, der mir geblieben war, war mein Vater. Allerdings konnte ich ihn nur noch spüren, nicht mehr sehen. Ich danke ihm von ganzem Herzen, dass er geblieben ist. Keine Ahnung, wo ich heute ohne ihn wäre. Wie ich später erfuhr, war er meine Verbindung zu Gott.

Es dauerte viele Jahre, die mir wie die Ewigkeit vorkamen, bis sich das wieder änderte.

Die nächsten Jahre waren das reinste Chaos. Von zwischenmenschlichen Problemen über finanzielle Schwierigkeiten bis zu gesundheitlichen Tiefschlägen machte ich alles durch, was es durchzumachen gab. Ich erinnere mich noch gut an den Tag, als ich im strömenden Regen am

Grab meines Vaters saß und heulte. Ich bat ihn um Hilfe, weil ich spürte, dass es so nicht mehr weitergehen konnte. Klitschnass und völlig leergebrannt ging ich nach Hause. Unterwegs traf ich einen Bekannten meiner Mutter. Er unterhielt sich mit mir und bot mir an, mich zu einer Frau zu bringen, die mir vielleicht helfen konnte. In mir regte sich eine Stimme, die mich drängte, dorthin zu gehen. Als wäre es tatsächlich meine einzige und auch letzte Chance. Sie ist heute eine der wichtigsten Personen, die ich in meinem Leben kennenlernen durfte. Und obwohl das nun schon sehr lange zurückliegt, danke ich ihr im Geiste immer wieder für ihre wertvolle Hilfe. Sie hat mich auf meinen Weg zurückgebracht.

Ein neuer Weg begann.

Liebe Leserin, lieber Leser, an dieser Stelle möchte ich vorwegnehmen, dass alles, was im Leben eines jeden einzelnen Menschen geschieht, von größter Wichtigkeit für seine Entwicklung ist. Meine war damals nicht zu Ende.

Es dauerte noch so einige Heilsitzungen und Phasen der Selbstfindung, die mich zu der Person machten, die ich heute bin.

Die folgende Zeit war härter denn je für mich. Ich hatte noch so vieles zu lernen, und meine erneute Öffnung zog sich auch hin. Dabei wollte ich doch so gerne wieder sehen.

Doch dafür musste ich erst herausfinden, wer ich bin und wozu ich berufen bin. Erst als ich die Angst überwand und den Mut fand, ich selbst zu sein, öffnete sich mein Innerstes wieder für die geistige, feinstoffliche Welt.

Ich begann zu arbeiten, machte meine Reiki-Ausbildung. Für mich stand von Anfang an fest, ich werde sie bis zum Lehrer gehen. Der Wunsch in mir, auch anderen Menschen zu helfen, sie ein Stück ihres Weges zu begleiten und mit Rat und Tat zur Seite zu stehen, wuchs von Tag zu Tag. Doch noch immer war nicht an Stillstehen zu denken. Ein Drang nach Wissen und Weisheit war in mir entfacht. Ich holte alles nach, was ich versäumt hatte. Bachblüten, Heilsteine, Farben, Düfte, Klänge und Bewegungstherapie hielten Einzug in mein Leben. Ich meditierte, und irgendwann begann ich sogar, Meditationen zu schreiben, und der nächste Schritt war, sie mit anderen Menschen gemeinsam zu halten/führen. Es ging Schlag auf Schlag und fühlte sich gut an.

Durch ein paar Erlebnisse, die abermals mit dem Tod nahestehender Menschen zu tun hatten, hatte sich mein Drittes Auge wieder geöffnet. Diesmal war aber alles anders. Ich stellte fest, ich bin kein Todesengel. Im Gegenteil, ich habe einfach gesehen. In deren Zukunft. Am Anfang dachte ich, ich könnte etwas ändern, doch ich musste erkennen, dass ich dazu nicht befugt war. Ich begann nachzufragen, und siehe da, ich bekam Antwort. Plötzlich wurde ich im Schlaf abgeholt und in verschiedene Tempel gebracht. Ich fand heraus, dass es Tempel Aufgestiegener Meister waren, und ich dort geschult wurde.

Man sagte mir, ich würde ein Buch schreiben. So, dachte ich mir. Also gleich mal ran. Natürlich habe ich mich gleich hingesetzt und wollte loslegen (Geduld war nie meine Stärke). Nach mehreren Ansätzen gab ich auf. Ich hatte ja nicht einmal eine Ahnung, worüber ich schreiben sollte.

Jahre später blieb ich an einigen wunderschönen Notizbüchern hängen, die in verschiedenen Farben angeboten wurden. Ich kaufte mir ein gelbes. Wochenlang lag das Buch bei mir herum. Ich wusste nicht einmal mehr, weshalb ich es gekauft hatte.

Nach einer Nacht der Schulung in Meister Kuthumis Tempel sagte am nächsten Tag eine Stimme in mir, es wäre nun an der Zeit zu schreiben. Okay, dachte ich. Aber was sollte ich schreiben? Ich horchte in mich. Nichts. Keine Antwort, keine Idee.

Also begann ich, eine Art Tagebuch zu führen.

Beim dritten Eintrag bemerkte ich plötzlich, wie meine Hand über die Zeilen flog. Ich schrieb, bis mir die Finger schmerzten. Meine Schrift war kaum noch zu entziffern. Als ich mit dem Eintrag fertig war, las ich mir das Geschriebene durch. Wo kam das her?, fragte ich mich. Bestimmt nicht von mir.

Das nächste Mal verspürte ich einen Druck, schreiben zu müssen. Ich nahm das Buch, setzte mich hin und bemerkte, dass ich nicht mehr allein war. „Wer bist du?" fragte ich.

„Ich sind wir", hieß die Antwort.

Und schon flogen meine Finger wieder über das Blatt.

Ich schrieb am Tag, und ich schrieb in der Nacht. Na ja, nicht jede Nacht. Zwischendurch durfte ich in die Schule. Meist holten mich die Meister Serapis Bey oder Kuthumi ab. Inzwischen wusste ich auch, dass hauptsächlich diese beiden es waren, die mir beim Schreiben zur Seite standen. Es machte so viel Spaß, und ich behaupte, dass auch die Meister und Engel an meiner Seite Spaß daran hatten.

Nun, so entstand dieses wertvolle Buch irgendwie von selbst.

Als es fertig war, wollte ich wissen, was ich damit tun sollte.

Serapis Bey sagte: *„Tippe es ab und schicke es an den Smaragd Verlag."*

Das tat ich.

„Wohin noch?" wollte ich wissen.

„Nur zum Smaragd Verlag, mehr nicht", bekam ich zur Antwort und *„hab Vertrauen".*

Das hatte ich. Zugegeben, manchmal waren da Momente des Zweifels, doch sofort stand Serapis Bey an meiner Seite, hüllte mich in seine Energie und beruhigte mich.

Und siehe da!

Du hältst gerade mein Buch in der Hand, gedruckt vom

Smaragd Verlag.

Noch einige Worte zum Abschluss.

In den letzten Jahren habe ich sehr viele Menschen kennen und lieben gelernt. Teilweise waren diese Erfahrungen verwirrend. Liebe ist nämlich nicht gleich Liebe. Es gibt so viele unterschiedliche Arten zu lieben. Das will erst einmal herausgefunden werden. Wenn dir dann ein Mensch begegnet, kannst du die Empfindungen (egal, ob positiv oder negativ) besser einordnen und lenken. Und umwandeln.

So mach du dich nun auf deinen eigenen Weg und gehe ihn mit Freude und Dankbarkeit. Mit Freude und Dankbarkeit am Lernen.

Ich bin keine abgedrehte Esoterik-Tante (Lächeln), na ja, vielleicht ein bisschen. Ich führe ein ganz normales Leben an der Seite eines wundervollen Mannes, meines Sohnes, vier Katzen und einem Hund.

Eines jedoch weiß ich:

Ich bin das Licht und die Liebe Gottes.

Genau wie du!

Teil I

Wissen und Weisheit der Geistigen Welt

Freitag, 04. Mai 2007

Ich beginne zu begreifen.

Dienstag, 08. Mai 2007

Ich bin seit Stunden dabei auszumisten und habe trotzdem das Gefühl, dass es nicht bedeutend weniger wird. Wenn ich mich hier umsehe, habe ich noch viel Arbeit vor mir.

Sei es! Ende dieses Monats ist alles weg, das verspreche ich mir!

Dienstag, 22. Mai 2007

Zu viel versprochen. Es gibt Wichtigeres, und hatte ich behauptet, begriffen zu haben?

Nein, vor dem gestrigen Tag hatte ich NICHTS begriffen. Um ehrlich zu sein, wohl auch heute nicht. Das, was ich endlich verstanden habe, ist nicht greifbar und wird es niemals sein...

Ich habe so viele Bücher gelesen, und manches darin fand ich richtig gut. Der Mensch ist auf einem guten Weg, und doch macht er sich etwas vor.

Er stellt Thesen auf und schildert Fakten. Doch was sind Fakten?

Dinge, Ereignisse, die auf Wahrheit basieren? Ich behaupte Nein. Wahrheit ist doch für jeden anders.

Der Mensch ist ständig auf der Suche. Jeder nach etwas anderem. Und doch jeder nach Wahrheit. Der Mensch möchte „begreifen".

Schluss damit!

Es hat keinen Sinn, denn damit leben die Menschen in der Vergangenheit. Doch die Erde braucht die Zukunft. Den Aufstieg. Den Aufstieg in das Goldene Zeitalter.

Es geht nicht mehr um das Schicksal. Weder um das meinige, noch um das Schicksal irgendeines anderen. Es geht um Gaia, um die Erde und ihren Aufstieg.

Jeder einzelne Mensch, der heute lebt, hatte einst seine Hilfe angeboten. Hier und jetzt werdet ihr daran erinnert und aufgerufen zu helfen. Nehmt eure Plätze ein und geht an eure Aufgaben.

Nun mögt ihr euch fragen, wie diese Aufgaben aussehen. Die Hauptaufgaben sind für alle gleich. Wacht auf! Sendet positive Gedanken und Ideen! Rüttelt auch andere auf und schließt euch zusammen – in Frieden!

Arbeitet in Sanftmut. Nur wer in Frieden ist, dem wird in Frieden begegnet. Schon der kleinste Gedanke ist von höchster Wichtigkeit. So wird sich das Schwingungsfeld der Erde erhöhen, und der Übergang in die Fünfte Dimension kann beginnen.

Macht euch klar, es gibt keine Trennung. Die Menschen teilen so gerne in Licht und Dunkel. Für sie bedeutet es Gut und Böse. Doch lasst euch gesagt sein, es gibt kein Gut und Böse. Alles entstammt dem gleichen Ursprung. Erst der Mensch hat dem Ganzen Bedeutung gegeben.

Heißt es nicht in euren Schriften – und Gott sprach, es werde Licht – ? Wann genau soll er das gesagt haben? Bevor oder nachdem er die Erde erschuf? Bedeutet das dann nicht auch, dass es zuerst die Dunkelheit gegeben haben muss? Woher weiß der Mensch, dass Gott das Licht erschaffen hat? Er weiß es ja gar nicht... Er glaubt dem geschriebenen Wort.

Hier und jetzt schreibe ich, dass Gott das Licht nur geschaffen hat, um im Dunkeln besser zu sehen. Jedoch hat er es niemals erschaffen, um das Dunkel zu vertreiben. Denn auch das Dunkel hat seine positive Seite. Auch das Dunkel ist gut. Nur wenn der Mensch beginnt, dieses zu glauben, wird er anfangen, auch andere Dinge als gut zu sehen. Und somit werden die Gedanken zu positiven Gedanken und positiven Energien.

Frage dich, wer **du** bist, und **du** wirst es herausfinden.
Es geht hier um **deine** Wahl und darum, ob **du** dabei sein möchtest, wenn die Erde den Sprung wagt. Den Sprung in ein Neues Zeitalter.

Dienstag, 22. Mai 2007, 22.30 Uhr

Ich werde nun über einige Ereignisse der letzten Jahre zu euch sprechen.

Es sind Dinge geschehen, während derer sehr viele Menschen den Tod gefunden haben. Die Menschheit war verwirrt und traurig. Doch lasst mich erklären, weshalb dieses geschehen musste. Alle diese Menschen hatten ihre Aufgabe. Viele verschiedene Gruppen kamen zusammen.

Eine dieser Gruppen hatte die Aufgabe, die Menschheit wachzurütteln. Sie wollten im Herzen der Menschen Hilfsbereitschaft und Mut wiedererwecken. Wollten ihnen eine Eigenschaft zurückbringen, die längst vergessen war. Der Mensch bezeichnet diese als Menschlichkeit. Ich nenne es Gemeinschaft, Zusammengehörigkeit.

All das steckt in jedem Einzelnen von euch. Es ist in eurem Innersten, im Herzen, ja, in jeder kleinsten Zelle verankert. Die Zeit, diese Eigenschaft zu leben, ist wiedergekommen.

Erweckt sie, lebt sie. **Jetzt!**

Eine andere Gruppe von Menschen hatte die Aufgabe, Plätze freizuhalten, um zu einer Zeit der Schwingungserhöhung diesen Platz freizumachen. Es waren positive, fröhliche und optimistische Menschen. Durch ihren Tod wurden ihre hohen Energiewellen freigesetzt und zur Reinigung und Heilung der Erde aktiviert.

Aber es waren auch Gruppen von Menschen unter ihnen, deren Seelen noch sehr jung und unerfahren waren. Sie wurden nach Hause zurückgeholt, um ihnen ein leidvolles Leben zu ersparen. Die Veränderung der Energiewellen hätten diese Seelen nicht verkraftet.

Die Menschen, die bei all diesen Ereignissen ihr irdisches Leben vertiefen, hatten sich selbst dafür entschieden. Dankt ihnen für ihr Opfer und sendet ihnen positive Gedanken. Leider braucht der Mensch solche Momente, um aufzusehen und sich bewusst zu spüren.

Ich hoffe sehr, dass das ab sofort anders sein wird. Mensch, erwecke den Mut in dir und tue Gutes!

Sicher habt ihr den Umbruch in der Politik bemerkt. Immer mehr Frauen bemühen sich um Führung. Und lasst euch gesagt sein, es werden noch mehr Frauen an die Regierung kommen. Das ist gut so. Die Frau hat wieder gelernt, den Zugang zur Intuition zu finden. Sie herrscht nicht mehr, sie führt. Und dies tut sie in Frieden und Harmonie.

Eine Frau wird die Bevölkerung der Erde wieder vereinen. Und es wird gut sein.
Jedoch nur Frau und Mann zusammen können die Erde ins Goldene Zeitalter führen.

Die ersten Schritte hierfür sind bereits getan…

Mittwoch, 23. Mai 2007

Heute möchte ich etwas über die Erde erzählen.

Die Menschen behaupten, sie würden die Erde lieben. Nun, da haben sie auch allen Grund dazu. Stellt euch doch genau in diesem Moment die Vielfalt ihrer Farben vor. Seht die grünen saftigen Wiesen, die vielen bunten Blumen und die kleinen Schmetterlinge. Schaut in den blauen Himmel empor und erfreut euch an den feinen Zeichnungen der Wolken.

Nehmt euch die Zeit und überlegt, in wie vielen verschiedenen Farben es Rosen gibt. Atmet ihren Duft ein. **Du**, der dieses gerade liest, stell dir genau jetzt deine Lieblingsblume vor. Kannst du dich daran erinnern, wie sie riecht? Genieße ihren Duft. Hier und Jetzt.

Viele Sträucher und Bäume wachsen auf der Erde.

Schließe die Augen und träume davon, auf einem Berg zu stehen. Blicke hinunter in das weite grüne Tal. Du kannst den Hauch der Unendlichkeit darin erfahren.

Nun dreh dich zur anderen Seite. Es ist die Seite des Wassers, des Leben spendenden Wassers. Es fließt zuerst in kleinen Rinnsälen den Berg hinab. Es nährt das Gras, die Blumen und alle Lebewesen. Irgendwann, nachdem es vom Bach in den Fluss übergeht, findet es seinen Weg ins große weite Meer.

Nachdem Bäche, Flüsse und Rinnsäle ihren Weg harmonisch durch Berge, Täler und Landschaften genommen haben, finden sie zusammen. Dann bildet das Wasser eine Gemeinschaft. Das Wasser geht seinen Weg. In Frieden und Harmonie. Und auf seinem Weg zum Ziel bereitet es Freude und trägt zum Überleben der Erde bei.

Geliebter Mensch, nimm dir ein Beispiel daran. Wenn ein Mensch liebt, pflegt er das, was er liebt. Darum liebt die Erde und geht endlich achtsam mit ihr um. Liebt Gaia und pflegt sie. Sie verschenkt sich an euch. Sie gibt so vieles aus ihrem Innersten, und der Mensch nimmt.

Jeder Mensch hat schon einmal erlebt, was geschieht, wenn immer nur genommen und niemals etwas zurückgegeben wird. Irgendwann versiegt dieser Energiefluss. Der Mensch glaubt, alles zu brauchen. Hinter jedem Schatz vermutet er einen Sinn.

Nehmt als Beispiel den wundervollen Erdenschatz Kristall. Der Mensch entreißt der Erde ihre Kristallstruktur, nur um sie als Edelsteine zu vermarkten. Jeder Kristall erhält einen Namen, und es werden ihm bestimmte Wirkungsweisen zugeordnet. Ja, das ist auch richtig. Kristalle tragen tatsächlich unterschiedliche Informationen in sich. Doch sollte der Mensch sie nicht aus Habgier der Erde entreißen, und noch weniger aus Prestige kaufen und tragen. Wenn euch ein Kristall wegen seiner Schönheit anspricht, dann bringt ihm den nötigen Dank und Respekt entgegen. Nur so wird er seine volle Kraft entfalten und für euch oder, noch besser, **mit** euch arbeiten. Lasst nicht zu, dass euer Ego über den Stein bestimmt. Dann ist der Kristall nutzlos für euch.

Donnerstag, 24. Mai 2007

Mensch – gib den Menschen eine Chance.

Wenn jemand zu dir kommt, dann lehne ihn nicht ab. Auch wenn dir etwas seltsam vorkommt, nicht stimmig für dich ist, so höre ihn doch an. Entscheide erst dann, wie du dich verhalten möchtest.

Bist du ein Mensch, der immer nur über sein Leid klagt? Dessen Körper vor Schmerz aufschreit?
Kannst du die Schönheit des Lebens nicht mehr genießen, weil du sie gar nicht mehr siehst?
Dann ändere es!
Genau jetzt, in diesem Moment, kannst **du** den ersten Schritt dafür tun.

Es ist Teil deiner Aufgabe, Verantwortung zu übernehmen. Verantwortung für dich und dein Leben. Niemand anderes kann das für dich tun. Wenn du bereit bist, anderen Menschen zu helfen, beginne zuerst bei dir. Fang in deinem Inneren an. Pflege deinen Körper.
Liebe! Liebe dich, liebe deinen Körper. Sieh, wie schön du bist. Bring dir Ehrerbietung entgegen. Erst wenn du selbst weißt, wie wertvoll du bist, werden es auch die anderen Menschen bemerken.

Gibt es Menschen, die dich nicht so behandeln, wie du es gerne möchtest?

Das macht nichts. Sie gehen ihren Weg. Wenn es dich ärgert oder verletzt, dann nur deshalb, weil du diesem Umstand Bedeutung beimisst. Doch es geht nicht um dich. Deshalb ist alles, was in deinem Leben „falsch" läuft, eine Illusion. Eine Illusion, von dir selbst erschaffen. Erschaffen, um Aufmerksamkeit zu erhalten, um eine Ausrede zu haben für Dinge, die du nicht tun möchtest. Sei ehrlich zu dir selbst und handle. Nur du selbst kannst diese Situationen wieder verändern. Selbst Krankheiten kannst du verändern, indem **du** es willst.

Sei gesund!
Sei frohen Mutes!

Sonntag, 03. Juni 2007

Heute erzählen wir euch etwas über die Zeit.

Zuerst einmal sagen wir, Zeit existiert nicht.

Die Zeit wurde vom Menschen erschaffen, so, wie viele andere Dinge auch.

Indem ihr euer Leben in Zeit bemesst, schränkt ihr euch ein. Euer Denken, Fühlen und Handeln wird durch die Zeit begrenzt. Erst wenn ihr das versteht und danach lebt, wird sich eine Veränderung in euch vollziehen.

Diese Veränderung erfüllt euer Sein auf eine neue Weise. Ihr könnt endlich wieder sein. Ihr könnt Gemeinschaft sein und doch Individuum. Das ist sehr wichtig.

Jedoch wird diese Erkenntnis alles verwerfen, woran ihr bisher geglaubt habt. Denkt jedoch nicht, ihr hättet an etwas Falsches geglaubt. Es war wichtig, so zu glauben. Nur so konntet und könnt ihr euch entwickeln. Jetzt jedoch, genau in diesem Moment, bist **du** bereit für den nächsten Schritt.

Tritt ein in die Zeitlosigkeit.

Ich versuche, dieses mit den Worten der Menschen zu beschreiben, was nicht einfach ist. Doch versuche du, der/die du dieses liest, auch zwischen den Zeilen zu lesen.

Manche Menschen glauben, nach ihrem Tod sei alles vorbei. Viele jedoch glauben auch, sie kämen wieder. Diesen Vorgang nennt ihr Reinkarnation. Nun, im wesentlichen Sinne ist das ganz richtig. Doch was der menschliche Geist hier nicht ganz erfasst ist die Tatsache, dass es nicht hintereinander geschieht. Es funktioniert nicht auf die Art, ein Leben zu leben, zu sterben und dann wieder geboren zu werden. Und das alles über Jahrhunderte hinweg. All diese Leben, an die ihr euch erinnert, lebt ihr in ein und demselben Augenblick.

Alles geschieht zum gleichen „Zeit"-punkt.

Jeder Mensch kennt das Gefühl, „neben sich zu stehen". Genau in diesem Moment liegt deine ganze Aufmerksamkeit zur selben Zeit an einem anderen Ort. Um es anders auszudrücken: Deine Aufmerksamkeit liegt in diesem einen Moment in einem anderen Leben, das du in einer anderen Dimension gerade lebst. Es ist ein Trugschluss zu glauben, du hättest dieses andere Leben zu einer anderen Zeit gelebt. Ihr lebt alle Leben genau jetzt.

Jeder Traum, den ihr in einer Nacht träumt, der euch am nächsten Tag so real vorkommt, ihr müde und kaputt aufwacht und das Gefühl habt, gar nicht geschlafen zu haben, dieser Traum war in Wirklichkeit ein „Switch" in ein anderes Leben.

Wenn ihr dieses Wissen annehmt, dann könnt ihr lernen, damit umzugehen. Ihr könnt euch das Wissen, das ihr euch in diesen anderen Leben aneignet, nutzbar machen. Zu jeder Zeit, an jedem Ort und für jedes einzelne eurer Leben.

Auch wenn sich das für euch jetzt unglaublich anhören mag, so seid achtsam, und ihr werdet es selbst bemerken. Horcht in euch. Setzt euch hin, schließt die Augen und stellt euch eines eurer Leben vor. Wenn ihr möchtet, könnt ihr sofort dort sein, denn ihr seid es ja schon. Da euer Hauptaugenmerk jedoch auf diesem Leben liegt, werdet ihr wieder hierher zurückkehren.

Seid euch jedoch sicher, diese Erfahrung wird alles verändern.

Womöglich seid ihr zu Anfang etwas verwirrt, aber ihr seid auch einen Sprung weiter.

Sonntag, 03. Juni 2007

Ich möchte nun über die Veränderung sprechen, die du erfahren wirst.

Deine Denk- und Sichtweise wird andere Dimensionen erleben. Du wirst dich erheben. Nicht über die Menschheit hinweg, sondern über dich selbst. Du wirst über dich hinauswachsen, über deine Grenzen gehen. Du wirst dich gut fühlen und zufrieden sein mit dem, was du bist und was du hast. Du wirst den Menschen mit Freundlichkeit begegnen, und dich doch auch wieder von ihnen distanzieren. Du wirst Dinge in deinem Leben abstellen, die dir nicht guttun. Du wirst dich von Menschen in deiner Nähe zurückziehen, von denen du merkst, dass sie dich negativ beeinflussen oder in die Tiefe der Unwissenheit hinabziehen wollen. Ob bewusst oder unbewusst. Jedoch wirst du ihnen immer freundlich begegnen.

Es ist absolut in Ordnung, wenn du deine Zeit des Lern- und Entwicklungsprozesses ohne sie gehst. In Liebe und Harmonie mit dir und den Menschen zu sein bedeutet nicht, jeden mögen zu müssen. Es bedeutet, jeden ihn selbst sein zu lassen. Suche die Gesellschaft zu Menschen, die dich positiv schwingen lassen, und sende diese Schwingung aus. Lebe **dein** Leben.

Womöglich begegnest du Menschen auch in anderen Leben, und die Energien dort können sich in dieses Dasein übertragen. Nutze die Gelegenheiten zu trennen oder zu vereinen. Doch was immer du tust, tue es mit Freude und reinem Gewissen und im Gewahrsein dessen, was daraus entsteht. Wenn etwas getrennt wird, so gib niemandem Schuld. Womöglich steht dein eigener Wunsch dahinter. Ein Gedanke der lange zurückliegt. Dann gehe diesen Weg mit dem Gedanken: Es ist, wie es ist.

Montag, 04. Juli 2007

Liebe Menschheit,

nichts ist, wie es scheint. Seht genau hin, und ihr könnt erkennen, wie hinter jedem Ding, hinter jedem Geschehen, mindestens zwei Erklärungen stehen.

Ihr müsst aufhören, um Macht zu kämpfen. Macht macht euch gierig und blind. Ihr sollt an Stärke gewinnen. Stärke, die euch allen bereits innewohnt. Jeder wird ständig geprüft, wie viel er von seiner Kraft bereits annehmen kann. Wie er mit dieser Kraft umgehen kann. Mit jeder Aufgabe, jeder Prüfung sind die Kraft und Stärke in euch bereit zu wachsen.

DU allein entscheidest darüber, ob du sie annimmst oder lieber weiter leidest und lernst.

Was ist schon Materie? Ich frage mich, weshalb sich der Mensch so abhängig davon macht?

Alles, was zählt, sind Gefühle. Diese könnt und werdet ihr überallhin mitnehmen. Ein Auto, ein Haus oder viel Geld müsst ihr hier zurücklassen. Es wird eine Zeit kommen, in der euch das alles nicht mehr wichtig erscheint. Und es wird dann auch nicht mehr wichtig sein. Dann habt ihr verstanden. Dann seid ihr einen großen Schritt weiter.

Wenn **DU** so weit bist, dich mit Dingen zu umgeben, nicht deren Wertes wegen, sondern wegen deren Schönheit, um dich an ihnen zu erfreuen, beginnst du, andere Dinge loszulassen. Dinge, die zwar materiell wertvoll erscheinen mögen, dir jedoch keine Freude bereiten können. Gib sie an jemand anderen weiter, der sie wirklich braucht. Ein Mensch, dem vielleicht deine Kleidung passt, die du nicht mehr trägst. Ein Mensch, dem der Mantel, der seit Jahren ungetragen in deinem Schrank hängt, Wärme spendet. Ein Kind womöglich, das sich über einen kleinen Teddy oder eine Puppe aus deiner großen Sammlung so sehr freut, weil es noch nie etwas zum Spielen besessen hat. Wenn du dann die Freude und die Dankbarkeit in deren Augen siehst, erinnere dich daran und sei dankbar für das, was dir gegeben wird. Freue dich auch am kleinsten Sonnenstrahl, der nur für dich durch die Wolken blitzt. Lächle zurück, wenn dir jemand einen Augenblick seine Aufmerksamkeit schenkt. Bestimmt schickt er auch dir sein Lächeln zurück. Auch wenn es in eurer Zeitmessung nur eine Sekunde dauert. Freue dich, wenn dein Kind zu dir kommt und dir einen Stein oder einen Tannenzapfen schenkt, den es selbst gefunden hat. Denn in diesem Moment, als es sich gebückt und ihn für dich aufgehoben hat, galten seine Gedanken, seine Zeit nur dir. Und sei dir gewiss, in diesem einen Moment hat es dir lichtvolle Energie geschickt. Zeige deinem Kind diese Freude und zeige ihm Dankbarkeit.

Ihr seid den Kindern Vorbild. Das, was ihr lebt, lebt ihr euren Kindern vor, und es wird in ihnen weiterleben. Eure Kinder werden sich vielleicht nicht so viel merken von dem, was ihr ihnen erzählt, sie werden jedoch alles behalten, was sie von euch sehen. Geht deshalb mit gutem Beispiel voran. Sie sind die Zukunft. Ihr habt diese Zukunft in der Hand.

Mittwoch, 06. Juli 2007

Es gibt Zeiten, fleißig und strebsam zu sein, und es gibt Zeiten, zu ruhen und zu genießen.

Es gibt Momente, in denen ihr stark sein müsst, und Momente, sich fallenzulassen.

Nutzt diese Augenblicke alle genau in den Momenten, in denen sie euch geboten werden.

Verschiebt nichts und erlaubt euch, wandelbar zu sein. Ein Mensch, der immer so tut, als wäre er stark, der niemals ruht oder zeigt, dass er auch einmal traurig ist, der wird irgendwann daran zerbrechen. Umgekehrt wird der Mensch, der sich nichts zutraut und immer die anderen für sich machen lässt, niemals erfahren, welche Stärken in ihm stecken. Hört auf, Argumente zu suchen, weshalb ihr gerade jetzt dies oder das nicht tun könnt. Es sind nur Ausreden, von euch erfunden. Ihr könnt alles tun, wenn ihr es nur wollt. Der Mensch hat irgendwann begonnen, sein Augenmerk auf eine bestimmte Sache zu richten. Ihr nennt es, sich spezialisieren. In gewissem Maße ist das auch in Ordnung und gut. Jedoch vernachlässigt ihr zu sehr alles, was sonst noch in euch steckt. Dabei habt ihr alle Fähigkeiten in euch.

Einem Maler, dessen Bilder euch gefallen, sagt ihr, er hätte es ja gelernt, er hätte die Begabung in sich. Einem guten Arzt schreibt ihr göttliche Begnadung zu. Einem Heiler oder Seher sagt ihr, er hätte die Verbindung zur Quelle nicht verloren. Nun, all das ist richtig. Doch alle diese Begebenheiten sind nicht für einzelne Menschen gedacht. All das trägt jeder Mensch in sich. Er muss diese Eigenschaften nur entdecken und durch Schulung für sich nutzbar machen.

Ihr lernt doch auch verschiedene Sprachen.

Hast **du** vielleicht sogar schon einmal in einer Sprache geträumt, die du im wachen Zustand gar nicht sprechen kannst? Du kannst es. Sie ist in dir.

Überwinde **deine** Begrenzungen und nutze die Kraft in **dir**!

Gehe notfalls auch einmal einen unbequemen Weg. Du wirst sehen, es lohnt sich.

Samstag, 14. Juli 2007

Aufruf an die Menschheit!

Macht euch frei, denn nur wer frei ist, lebt im Einklang mit sich und Gott!

Ihr seid gefangen in euren Zwängen. Zwänge, die ihr euch selbst auferlegt.

Der Mensch lebt im Vergleich. Jeder möchte besser sein als der andere, möchte mehr besitzen, möchte mehr sein, als er ist. Dadurch verliert ihr euch selbst.

Ihr seid unzufrieden, weil es so nicht funktioniert. Aber das kann es auch gar nicht. Denn jeder einzelne Mensch ist und bleibt nun einmal er selbst. Erst wenn ihr das verstanden habt und auch lebt, werdet ihr frei sein.

Das soll nicht heißen, dass ihr jetzt nicht mehr ehrgeizig sein sollt und euch nicht mehr anstrengen sollt, etwas zu leisten. Nein, ihr sollt es jedoch auf die einzig richtige Art und Weise tun, nämlich nach eurem eigenen besten Wissen und Gewissen. Ohne jemand anderem damit schaden zu wollen. Es ist gut, mehr zu verkaufen oder in einer höheren Position zu stehen als ein anderer. Aber wenn es so ist, sollte es so sein, weil es in eurer Hand liegt, nicht, weil ihr dem anderen zeigen wollt, dass ihr besser seid. Tut es, um dem Gemeinwohl der Menschen zu dienen. Dann seid ihr frei.

Sei der Mensch, der **du** bist. Höre auf, dich zu beweisen.

Stelle es ab, hier und jetzt!

Du bist etwas Besseres, so, wie jeder andere Mensch auch. Denn jeder Mensch ist einzigartig. Machst **du** dir noch immer Gedanken um deine Zukunft?

Stehst **du** vor einer Entscheidung, die dein Leben für immer verändern wird? Dann bitte darum, dass dir geholfen wird. Lass los! Je mehr du darüber nachdenkst, desto weiter rückt deine klare Sicht von dir weg. Die Lösung liegt doch schon in dir. Lass los und fühle in dich. Dort wirst du Antwort finden. Manchmal muss man Kompromisse schließen. Aber das ist gut so. Es ist eine Lektion für dich, so zu handeln, wie es für alle Beteiligten von Vorteil ist. Triff Entscheidungen, die für alle gut sind. Auch für dich.

Dienstag, 24. Juli 2007

Warte nicht!

Warte nicht auf Dinge, die vielleicht niemals geschehen werden. Lebe im Augenblick und kümmere dich um deine jetzigen Belange. Jetzt, gerade in diesem Augenblick, geschieht dein Leben. Wenn du diesen Moment mit Warten verbringst, wirst du wichtige Dinge verpassen.

Dein Augenmerk soll auf den Moment gerichtet sein, der gerade passiert. Selbst wenn es nur die Tasse ist, die du gerade zum Mund führst oder du mit geschlossenen Augen einen Moment der Ruhe genießt.

Ist deine Aufmerksamkeit auf ein Ereignis gerichtet, auf das du wartest, so ist der Moment der Ruhe nicht mehr existent, und du verpasst ihn. Sicher kannst du deine Wünsche formulieren und darauf hoffen, dass sie sich erfüllen mögen. Wenn du darauf wartest, wann es endlich soweit ist, hältst du diese Wünsche fest. Sie werden sich dann niemals erfüllen.

Definiere deine Wünsche und lass sie dann los. Wenn du das getan hast, widme dich wieder dem augenblicklichen Geschehen.

So sollst du es immer tun.

✩✩✩

Samstag, 04. August 2007

Manchmal musst du erst ganz unten ankommen, um wieder festen Boden unter deinen Füßen zu spüren. Dort kannst du einen Moment verharren, um Luft zu holen und einen Plan zu fassen. Doch dann verliere keine Zeit. Drehe dich um und beginne mit dem Aufstieg!

Jetzt!

Es ist so weit. Bringe deinen Körper mit guter Ernährung und Bewegung in Gang, schule deinen Geist und liebkose deine Seele. Tue dir Gutes und strahle es in die Welt hinaus.

Dadurch wird sich die Welt positiv verändern, und das Gute wird zu dir zurückkommen.

Starte einen Versuch.

Jetzt gleich!

Sonntag, 05. August 2007

Wenn du mit einer Situation nicht zufrieden bist, dann verändere sie.

Denke in Ruhe nach und dann **handle**.

Verletze dabei niemanden und tue doch, was richtig für dich ist.

Letztendlich profitieren alle davon.

Freitag, 31. August 2007

Wenn du denkst, du weißt alles, so lass dir gesagt sein, du weißt nichts.

Der Mensch sucht im Außen nach Erklärungen. Stellst du nun die Behauptung auf, dass du weißt, wenn etwas richtig oder falsch ist und du sogar erklären könntest, weshalb etwas so ist, wie es ist, dann sei dir gewiss, dass du in diesem Moment gar nichts weißt.

Du lässt dir etwas vorgaukeln, und das mit guter Begründung. Du siehst es mit deinen eigenen Augen. Doch wie oft hat dein Blick dich schon betrogen? Überlege ehrlich. Wie oft glaubtest du etwas zu sehen, was sich hinterher als Trugbild erwiesen hat?

Nur wenn etwas tief aus deinem Inneren kommt, wenn du keine wirkliche Erklärung hast, woher du weißt, dann kommt dieses Wissen von einer höheren Macht. Verbunden mit deinem Höheren Selbst, das deiner so genannten Inneren Stimme Weisheit verleiht, die du dir im Laufe aller Leben erworben hast. Und dann sei dir gewiss, das ist die Wahrheit. Die einzige Wahrheit, die für dich richtig ist.

Nun kannst du sagen, **du** weißt.

Freitag, 31. August 2007

Heute ist der zehnte Todestag von Lady Diana.

Es gibt viele Spekulationen über die Ursache. Hört auf, darüber nachzudenken.
Schickt ihr stattdessen eure liebevollsten Gedanken.
Lady Diana war auf Erden, um zu helfen und Gutes zu tun. Leider haben ihr viele Menschen Steine in den Weg gelegt, brachten ihr Neid und Missgunst entgegen. So haben wir sie erlöst und nach Hause geholt.
Die meisten ihrer Aufgaben konnte sie erledigen. Den Rest hat sie an einige wenige bestimmte Menschen übertragen.
Sie durfte an der Seite des Mannes gehen, der sie über alles liebte und den auch sie sehr liebte.
Lady Diana steht noch immer im Dienst der Menschheit. Sie arbeitet auf feinstofflicher Ebene und wacht über einige bestimmte Geschehnisse auf der Erde. Außerdem steht sie ihren beiden Söhnen zur Seite.

Mögen sie ihr Licht aufrechterhalten.

25. Oktober 2007

Meine lieben Kinder,

die Zeit ist gekommen, euch zu sagen, dass der Aufstieg beginnt.
Nicht irgendwann, nicht morgen, sondern genau jetzt! In diesem Moment!
DU, der diese Zeilen liest, bereite dich vor.
Sei achtsam.
Verbinde deinen Geist und deine Seele mit deinem Ur-Ich und hole diesen Zustand in deinen jetzigen Körper.
Es ist eine schwere Zeit für euch. Manchmal werdet ihr glauben, so schwer zu sein, dass ihr euch kaum bewegen könnt. Dann gönnt euch einen Moment der Ruhe und seid euch meiner Gegenwart ganz und gar bewusst. Konzentriert euch auf meine Energie, und euer Körper wird sich dieser höheren Schwingung anpassen. Dann wird alles leichter. Lasst eure Sorgen und Ängste los und vertraut auf mich. Ich werde euch führen.
Wenn dein Körper sich dieser Schwingung angepasst hat, so wirst du merken, dass er sich verändert. Es mag durchaus sein, dass es niemandem auffällt. Doch **DU** kannst es deutlich spüren. Und es ist von höchster Wichtigkeit!
Es muss geschehen. Nur auf diese Weise wirst du den Aufstieg in die Neue Dimension erleben können. Alle, die in dieser Zeit leben, haben diesen Zeitpunkt gewählt, weil sie teilhaben wollten. Teilhaben an einem aufregenden und spannenden Ereignis, das nicht so schnell wiederkommen

wird. Die Erde hatte die Wahl, sich zu zerstören oder aufzusteigen. Dank vieler Menschen, die sich besonnen haben, wird sie nun in die Fünfte Dimension aufsteigen.

Leider haben viele von euch vergessen, weshalb sie hier sind. Diesen Menschen soll geholfen werden, denn jedes meiner Kinder hat es verdient, glücklich und zufrieden zu leben.

Ob auf Erden oder an meiner Seite.

DU, IHR ALLE, die ihr diese Worte lest, seid aufgerufen, Verständnis und Liebe zu zeigen. Nur so können die tiefer schwingenden Energien überwunden werden und immer mehr Licht und hoch schwingende Frequenzen die Luft erfüllen. Jeder Mensch soll sie einatmen können und dadurch erlöst werden.

Ich rufe euch auf, die Schwingungen zu erhöhen.

Ich rufe euch auf, eure Gedanken positiv zu verändern und das Licht in eurem Herzen leuchten zu lassen.

Kleine Flammen werden groß, große Flammen werden sich teilen, um andere anzustecken.

Denkt immer daran, der Aufstieg hat begonnen.

Der Übergang steht kurz bevor.

Ich bin Jahweh, der Gott der Sonne und des Mondes. Ich bin der Schöpfer allen Lebens, der Schöpfer von Licht und Dunkelheit.

Fürchtet euch nicht, denn ich bin bei euch.

Ich bin in jedem Einzelnen von euch. Öffnet euer Herz, und ihr werdet mich wiederfinden. Ich spreche zu euch, weil ihr um Antworten bittet. Lange habt ihr versucht, alleine zurechtzukommen. Deshalb habe ich mich zurückgehalten und euch beobachtet. Doch in jedem Moment war ich bei euch. Manchmal war es schmerzhaft zu sehen, wie ihr euch quältet, und manchmal war ich überwältigt vor Freude und von der Schönheit die ihr geschaffen habt. Doch nun steht ihr an einem Punkt, an dem ihr nicht alleine weiterkommt. Ihr habt nach mir gerufen und um Hilfe gebeten. Jeder, der mich um Hilfe bittet, wird Hilfe erfahren.

Manchmal wird sie anders aussehen, als ihr erwartet. Seid euch jedoch dessen bewusst, egal, was passiert, es ist in diesem Moment die einzig richtige Wahl.

Beginnt zu sein, was ihr seid. Versucht nicht, woanders oder jemand anderes zu sein. Wenn ihr jeden Moment als einzigartig anseht und jeden Moment bewusst wahrnehmt, dann habt ihr einen großen Schritt getan.

Lebt jetzt und seid.
Es ist, wie es ist.

Meine Liebe ist mit euch.

Donnerstag, 25. Oktober 2007

Meine lieben Kinder,

durch einen meiner Engel habe ich etwas gelesen. Da stand: „Warum schweigt Gott?"

Ich sage euch: Öffnet eure Sinne, und ihr werdet bemerken, ich schweige nicht. Ich stehe in ständigem Dialog mit euch. Doch ihr glaubt, ihr müsstet meine Stimme hören. Eure Ohren können mich nicht hören. Nur euer Herz wird mich wahrnehmen, und euer Geist kann mich hören.

Ihr sucht mit euren Augen nach mir, und obwohl ich in jedem Baum, jeder Blume, ja, jedem Lebewesen stecke, könnt ihr mich doch nicht sehen.

Und wieder sage ich euch: Öffnet euer Herz und nehmt mich wahr, und dann werden eure Augen mein Licht erblicken.

Ihr versucht mit euren Händen, mich zu berühren und glaubt, ins Leere zu greifen. Fühlt genau, wenn ihr das nächste Mal euer Kind im Arm haltet, eurem Partner die Hand reicht oder ein Tier streichelt und eine Blume pflückt.

Dann werdet ihr spüren, dass ihr in genau diesen Momenten **mich** berührt.

Zu viel versucht ihr, mit dem Verstand zu erklären. Ihr erstellt Studien über Engel. Dabei müsst ihr doch nur in den Spiegel sehen und euch wahrnehmen. Wahrnehmen als das, was ihr seid.

Ihr alle seid meine Engel, die auf der Erde inkarnierten. Öffnet **euer** Herz.

Und eure Augen, Ohren und Hände werden beginnen zu sehen, zu hören, zu fühlen.

All das, was ihr schon immer wissen wolltet, was ihr studiert, liegt in euch. Alle Antworten auf alle Fragen wurden bereits festgehalten, und zwar in jedem Einzelnen von euch.

Wären diese Zeilen hier sonst möglich?

Samstag, 27. Oktober 2007

Meine lieben Erdenbürger, seid gegrüßt.

Heute durfte ich durch die Augen und Ohren einer meiner Engel wieder etwas erfahren. Es ist nicht so, dass ich noch nicht davon wüsste, doch heute habe ich die verschieden Emotionen, mit denen ihr umzugehen habt, selbst gespürt.

Ich war traurig und entsetzt zugleich.

Mein Engel ging im Wald spazieren. Er war voller Freude und Aufmerksamkeit. Auf halbem Weg hörte er aufgeregtes Geschrei und ging dorthin.

An einem Fußballplatz angelangt, sah er, dass Kinder ein Turnier ausfochten. Leider war schon klar erkennbar, dass es kein Spiel, kein Sport mehr war, sondern harter Kampf.

Das Schlimme daran aber war, dass nicht diese unschuldigen Kinder den Kampf führten. Nein, sie waren nur ausführende Glieder. Es waren die Eltern, die sie anstachelten. Es waren Aggressionen zu spüren, die sich lange angestaut hatten.

Wollt ihr eure Kinder tatsächlich so auf ihr Leben in der Welt vorbereiten?

Aggressionen kommen und gehen. Doch jeder ist für seine eigenen Gefühle selbst verantwortlich. Ihr dürft sie niemals auf eure Kinder übertragen.

Es war schrecklich anzusehen, wie ihr eure Kinder benutzt. Ihr habt versprochen, sie zu führen, zu lehren, zu lieben. Nennt ihr dieses Verhalten etwa Liebe?

Warum lasst ihr eure Aggressionen nicht dort, wo sie sich aufbauen?

Geht doch in die Natur und schreit sie aus euch heraus. Ich werde sie gerne für euch transformieren.

Doch ich sage **euch**, lasst eure Kinder aus diesem Spiel, denn das ist kein Spiel. Verschont sie damit. Sie sind nicht bei euch, um eure Wut und euren Ärger auf sich zu nehmen. Sie sind hier, um die Erde vor dem Untergang zu retten.

Durch eure negative Energie stürzt ihr sie in den Abgrund. Haben sie euch das nicht schon genug bewiesen? Wie viele Kinder müssen sich noch opfern, um euch aufzurütteln?

Unterstützt sie in Liebe und Kommunikation. Stärkt sie in ihrem Wissen um die Freude.

Fangt sofort damit an.

Jetzt!

Samstag, 27. Oktober 2007, 21.45 Uhr

DU, der du diese Zeilen liest,
spüre in diese Worte und
fühle meine unendlich große Liebe.

Sonntag, 18. November 2007

Sei gegrüßt zu dieser Stunde.

Meine Information, die ich dir gerade heute vermitteln möchte, mag etwas verwirrend für dich erscheinen.

Mein Wissen über die Wahrheit wird dir zufließen.

Bisher habe ich dir immer wieder gesagt, Wahrheit findest du in dir, und deine Wahrheit mag richtig für dich sein, jedoch nicht unbedingt für jemand anderen.

Wahrheit liegt im Blickfeld des Betrachters. Doch nun sage ich dir, auch das, was für dich wahr ist, kann im nächsten Moment schon nicht mehr stimmen.

Jetzt, genau in diesem Augenblick, mag es wahr sein, dass du irgendwo sitzt und diese Zeilen liest. Doch schon in wenigen Sekunden oder Minuten wirst du einen Schluck Wasser trinken oder aufstehen, um etwas zu holen. Somit hat sich deine Wahrheit in Sekunden verändert.

Wisse also, was heute für dich als wahr erscheint, kann morgen schon ganz anders sein.

Gehe mit. Verändere deine Sicht. Sei im Fluss.

Wenn du dich auf etwas versteifst, verlernst du zu gehen.

Dieses Wort drückt es ja schon aus. Du bist dann zu steif, um dich zu bewegen, und kommst nicht weiter.

Nur wer sich den Gegebenheiten anpasst, sich den neuen Aufgaben stellt, sie annimmt und damit umgeht, der geht auch seinen Weg weiter.

Und nur wer geht, kommt an sein Ziel.

Dieses ist die Wahrheit.

Gott zum Gruße

Montag, 19. November 2007

Versuche, nicht mehr zu sein, als du bist, und gaukle niemandem höheres Wissen vor.

Stell dein Licht nicht unter den Scheffel.

Wirke aus dem Hintergrund und sei genau das, was du bist:

Ein göttlicher Funke auf dem Weg nach Hause.

Dienstag, 27. November 2007

Die Arbeit beginnt!

Lichtarbeiter, ich rufe euch!

Beginnt mit eurer Aufgabe, das Schwingungsfeld in eurer nächsten Umgebung zu erhöhen.
Sammelt die Menschen um euch und führt sie an.
Ich werde die Menschen zu euch senden, die bereit sind, den Weg zu gehen.
Bildet Gruppen und nehmt alle auf, die ich zu euch schicke.
Sie werden dann noch einmal geprüft, ob es ihnen ernst ist mit dem Heimweg, ob sie wahrhaftig den Weg gehen möchten.
Es ist mir wichtig zu sehen, dass diese Menschen nicht nur reden, sondern auch Taten sprechen lassen.
Ihr, die ihr diese Gruppen anführen mögt, seid jetzt gefordert, genau meinen Anweisungen zu folgen.
Jede Gruppe ist anders, deshalb werden sich die Methoden voneinander unterscheiden.
Manche mehr – andere werden sich ähneln.
Das Ziel ist bei allen jedoch ein und dasselbe:
Die Erhöhung des eigenen Energiefelds und die Vollendung des Lichtkörperprozesses.
Somit die Erhöhung der Erdschwingung und der Übergang in die Fünfte Dimension.

Es wird einzeln beginnen und rasch anwachsen. Der Meister wird beginnen, und ein neues Muster wird sich bilden. Es werden sich Orte auftun, an denen ihr arbeiten könnt.

Ruhe und Harmonie unter göttlicher Führung werden dort zu Hause sein.

Habt Vertrauen.

Vertrauen in mich und auch Vertrauen in euch selbst.

So sei es.

Gott ist mit euch.

Dienstag, 27. November 2007

Zum Abschluss möchte ich nun noch meine Worte an die Menschen richten, die den Gruppen beiwohnen möchten.

Ihr dient einem großen Plan, den es zu vollenden gilt.

Entschließt ihr euch, einen Meister zu finden, der euch auf dem Weg zu eurer eigenen Meisterschaft begleiten soll, dann habt Vertrauen zu ihm. Stellt nicht in Frage was er/sie euch aufträgt, jedoch hinterfragt. Tut, wozu er euch anleitet, jedoch tut es nicht blind. Sein Ziel wird es sein, euch an euer eigenes Ziel zu bringen. Und denkt immer daran, auch er ist noch immer Mensch.

Vielleicht mögen sich einige unter euch noch immer fragen, ob es denn wichtig ist, ihr Energiefeld zu erhöhen. Dem sage ich, nein, es ist nicht wichtig. Ihr trefft die Entscheidung.

Wenn ihr den Übergang in die Fünfte Dimension jedoch mitgehen möchtet, so muss eure Entscheidung in jedem Fall **für** die Erhöhung eures Energiefelds ausfallen.

Ohne diese wird euer Körper den Übergang nicht schaffen. Er würde unter Schmerzen zerbersten.

Um es euch zu verdeutlichen, ein kleines Beispiel:

Stellt euch vor, ihr sitzt in einem Karussell, das sich mit Lichtgeschwindigkeit zu drehen beginnt. Kein Mensch mit der Schwingung der Dritten Dimension könnte dieses überleben.

Aus diesem Grund werden jetzt so viele Menschen während verschiedener Unfälle nach Hause geholt. Ich habe das schon am Anfang dieses Buches erklären lassen. Das muss so sein.

Keines meiner Kinder darf so leiden. Deshalb habe ich vor langer Zeit vorgesorgt und viele meiner Engel ausgesandt, damit sie zur rechten Zeit beginnen, die Menschen bei dieser letzten großen Aufgabe zu unterstützen.

Sie sammeln die Gruppen um sich und helfen euch, aus alten Mustern herauszutreten und ins vollkommene Licht zu gelangen. Sie werden euch führen.

Doch laufen, die letztendlichen Schritte wagen, das muss jeder für sich selbst tun.

Mit Disziplin und einem starken Willen wird es jeder schaffen, der dieses sein Ziel wahrhaft erreichen möchte.

Gott zum Gruße

Dienstag, 27. November 2007

Dieses ist der erste Teil unserer Botschaften an die Menschheit.

Im dritten Teil werdet ihr Anleitungen finden für mögliche Übungen zur Erhöhung eures Schwingungsfelds und somit zur Beschleunigung des Lichtkörperprozesses.
Bedenkt jedoch, der Lichtkörperprozess findet in mehreren Stufen statt.
Nicht jeder wird die letzte, zwölfte Stufe erreichen. Diese werden einige wenige unter euch vollenden. Sie werden eure Meister und Lehrer sein in der Neuen Dimension.
Doch jeder, der es schafft, sein Schwingungsfeld, seinen Lichtkörper zu aktivieren, wird dabei sein, wenn Mutter Erde den Sprung in die Fünfte Dimension wagt.

Teil 3 wird Wegweiser sein für all jene, die den Weg für sich finden mögen, und für diejenigen unter euch, die erweckt werden, um ebenfalls neue Gruppen zu bilden.

Jede Gruppe beginnt mit dem ersten Teilnehmer.

Seid gegrüßt im Namen des Lichts

Teil II

Gespräche mit der Geistigen Welt

Gott zum Gruße, liebe Siona Ana,

ich spreche heute zu dir, um dir mitzuteilen, was in den nächsten Jahren auf der Erde noch geschehen wird.

Die Erde hat ihren Selbstheilungsprozess begonnen.

Für die Menschheit bedeutet es, dass es noch einige Naturwunder wie Tsunamis, Brände, Erdbeben, Überschwemmungen usw. geben wird.
Das muss sein. Die Erde rückt damit ihre Kontinente wieder näher zusammen. Im Jahre 2012 werden sie in einer neuen Ordnung stehen. Es werden Teile aus dem Meer aufragen, andere werden dafür verschwinden.

All dieses muss geschehen. 2012 wird eine Sonne-Sternen-Konstellation erscheinen, die auf die Erde Auswirkungen haben wird.
Diese Energien, die auf die Erde strahlen werden, werden in Verbindung mit Bauwerken auf der Erde einen kosmischen Mechanismus in Gang setzen, der einem gigantischen Raumschiff entspricht. Der Antrieb hierfür liegt im Menschen verankert. Je mehr Lichtkörper aktiviert werden, desto besser und schneller der Antrieb.

Das ist nichts, was innerhalb kurzer Zeit geschehen kann. Der Grundstein hierfür ist schon seit langem gelegt. Doch nun seid ihr Menschen aufgefordert, euer Versprechen einzulösen und eure Lichtkörper zu aktivieren.

Es stehen euch knapp vier Jahre zur Verfügung, um genug positive Lichtschwingung zu erzeugen, damit die Erde die Kraft für ihren großen Sprung hat. Das ist nicht leicht.

Macht euch ans Werk und vollendet den göttlichen Plan.

Es grüßt dich Serapis Bey

Sei gegrüßt, Siona Ana,

ich habe bemerkt, dass einige unter euch die Seele der Erde vermissen, sich Sorgen machen oder gar denken, sie sei verschwunden. Nun, das ist sie nicht. Sie hat sich tatsächlich ein wenig in ihren innersten Kern zurückgezogen. Das tut sie, um Kontakt aufzunehmen mit den Menschen, die sie bewusst wahrnehmen.

Es war ein großer Schlag der Traurigkeit, als einige unter euch eine Tochter der Erde getötet haben. Ihre Motive und Absichten werden nur diese Menschen selbst verstehen.*⁾

Diese Frau jedoch hatte eine große Aufgabe. Sie stellte ihr Leben in den Dienst der Heerscharen der Engel, zur Vereinigung der Menschheit. Nun muss ein Nachfolger gefunden werden, der die gleichen Qualitäten und vor allem den gleichen Mut besitzt wie diese Frau.

Wenn die Menschheit endlich den Verstand besitzt, von ihren Gräueltaten abzulassen, dann kann das Licht uneingeschränkt seine Arbeit tun. Dann kann die Erde sich heilen.

Bildet Gruppen, in denen ihr die Erde mit Lichtenergie und bedingungsloser Liebe unterstützt. Je größer der Lichtkanal, desto größer ihre Kraft. Wenn ihr in euren Gruppen zusammen seid, sind viele von uns mitten unter euch.

So sei es!

Gott zum Grüße, Serapis Bey

---

*⁾ Gemeint ist die pakistanische Oppositionsführerin Benazir Bhutto, die am 27. Dezember 2007 bei einem Attentat getötet wurde.

Sei gegrüßt, Siona Ana,

ich bemerke, dass du dir oft Gedanken um den Dimensionssprung machst. So, wie viele andere Menschen auch.

Nun, so lasst mich euch davon erzählen.
Es ist nicht der erste Sprung, den die Erde machen wird.
Und auch viele andere Planeten haben diese Dimension bereits überwunden und sind in andere Dimensionen gesprungen. Dieser Schritt funktioniert in beide Richtungen. Er geht nach vorne – in höhere Schwingungsebenen, aber auch zurück – in die niederen Bereiche.

Erinnert ihr euch noch an Atlantis?
Für viele Menschen ist Atlantis ein Rätsel.
Hier werde ich dieses Rätsel ein wenig lüften.
Als Atlantis unterging zerbarsten die Kontinente der Erde. Viele Menschen gingen damals aus dem Leben. Einige entschlossen sich zu bleiben, um die Menschheit in einen besseren und höheren Bewusstseinszustand zu versetzen. So verteilten sie sich auf den zerbrochenen Kontinenten und begannen, die alten Lehren wieder zu verbreiten. Denn schon ihnen war klar, dass eines Tages die Chance wiederkommen würde, um die Erde zurückzubringen. Zurück in die Fünfte Dimension. Ja, in Wirklichkeit ging Atlantis niemals unter. Es wurde zurückgeschleudert in die Dritte Dimension.

Viele der Seelen, die damals gegangen sind, haben neue Kraft getankt und sind heute wieder mitten unter den Menschen. Sie arbeiten feinstofflich wie feststofflich Hand in Hand am Aufstieg. Ihr nennt sie Indigo- oder Regenbogenkinder. Wir alle sind bemüht, die Erde zurückzubringen in die Fünfte Dimension.

So sorgt euch nicht, sondern habt Vertrauen in euch und in das Gute. So wird die Erde den Sprung heil überstehen, und mit ihr alle Menschen, in deren Herzen das Vertrauen wohnt.

Doch nehmt Abstand davon, die Energie von Atlantis heraufzubeschwören. Geht weiter zurück.
Geht nach Lemurien und dann nach Shambalah. Dort waren die Herzen noch rein und voll selbstloser Liebe.

Gott zum Gruße, Serapis Bey

Freitag, 07. März 2008

Seit Tagen habe ich nichts gegessen und nur wenig getrunken. Zwischendurch knurrt mir der Magen, und aus reiner Gewohnheit sehe ich in den Kühlschrank.

Sofort steht Serapis Bey an meiner Seite, lächelt mir aufmunternd zu und fragt mich:

„Siona, warum möchtest du etwas essen? Hast du Hunger, oder ist es aus Gewohnheit, um das Geräusch in deinem Bauch zufriedenzustellen?"

Ich setze an, um zu antworten, doch natürlich kennt er meinen Gedanken schon.

„Fühle in dich und antworte mir erst, wenn du dir ganz sicher bist."

Wortlos schließe ich den Kühlschrank.
Um ehrlich zu sein, ich habe keinen Hunger.
Nicht ein bisschen.
Das geht nun schon tagelang so. Im Gegenteil.
Egal, was ich esse, ich bekomme Magenkrämpfe. Ich denke nach und habe immer wieder den Gedanken im Kopf, dass ich um Reinigung gebeten hatte.
Ich lächle. Das habe ich nun davon.
Serapis Bey ist auf Schritt und Tritt an meiner Seite und reinigt mich. Mich, das sind mein Geist, meine Seele und mein Körper.

Das Seltsame daran – ich fühle mich fantastisch.

Als ich nachfrage, warum ich kaum etwas essen darf, bekomme ich folgende Antwort:

Ihr Menschen habt keine Kontrolle mehr über den Appetit. Ohne nachzudenken esst ihr Dinge, die euch großen Schaden zufügen.

Ihr esst aus Langeweile (ich fühle mich sofort angesprochen), aus Ärger und Frust (schon wieder erwischt), esst aus Gewohnheit, oder weil es euer Körper fordert. Ohne Essen beginnt ihr zu frieren, verliert eure Kräfte. Das Essen macht euch selbst schwer.

Der menschliche Körper steckt voller Gifte, Bakterien und Parasiten, ohne dass ihr es wirklich bemerkt.

Wenn der Körper dann vor Schmerzen um Hilfe ruft, nehmt ihr eure so genannte Medizin. Diese Medizin jedoch unterdrückt nur den Schmerz, beseitigt aber nicht die Ursache. Deshalb ist es nötig, euch zu fragen, weshalb ihr esst.

Esst ihr aus Genuss? Des Geschmacks wegen? Oder esst ihr, weil es euer Körper fordert? Womöglich sind es die Pilze und Parasiten in euren Leibern, eurem Blut. Sie brauchen euer Essen, um zu überleben. Sie beeinflussen euer Ego auf jede erdenkliche Weise, um euch zum Essen zu bewegen.

Deshalb reinigt und befreit euch davon und beginnt, dem Essen wieder eine andere Bedeutung beizumessen.

Dann werdet ihr euch auf andere Art und Weise ernähren. Das ist von höchster Wichtigkeit."

Beginnt jetzt!

Tatsächlich hatte ich schon oft das Gefühl, etwas Krabbelndes, Zehrendes in mir zu spüren. Etwas, das mich von Zeit zu Zeit an den Kühlschrank oder zu unserem Süßigkeitenvorrat trieb.

Dank der Kraft meines starken Geistes und der Hilfe des Meisters an meiner Seite widerstehe ich nun diesem Drang. Stattdessen bitte ich um Rat, **wann** ich **was** essen darf. Ich gebe zu, es ist sehr wenig im Moment, aber ich bemerke auch den positiven Effekt. Und wenn ich dann auch noch beim Kochen meine Anweisungen bekomme, macht es gleich noch mehr Spaß.

Schmunzel. Ich weiß ja, dass ich in diesen Momenten von **Meister-Köchen** bekocht werde.

Und ja, mir geht es gut. Ich habe wieder Kraft und Energie, die mein Körper sonst zum Verdauen gebraucht hatte. Ich merke auch, ich brauche weniger Schlaf und bin trotzdem ausgeglichen.

Seid gegrüßt, hier spricht Meister Kuthumi.

Auch ich möchte einen kleinen Beitrag zu eurem Thema leisten.

Ihr, die ihr dieses Buch in Händen haltet, habt euch dazu entschieden, den Weg eurer eigenen Meisterschaft zu gehen.

Wir alle, die inzwischen aufgestiegen sind, wissen, dass es ein schwerer Weg ist. Seid euch dessen immer bewusst. Wir verlangen nichts von euch, was wir nicht selbst geschafft haben.

Ich möchte euch sagen, die Art und Weise, wie ihr Nahrung zu euch nehmt, macht euch schwer. Sie holt euch zurück in die niederen Schwingungen. Alle Arbeit, die ihr geleistet habt, um eure Schwingung zu erhöhen, macht ihr durch eure Essgewohnheiten wieder zunichte.

Erhebt euch aus diesem Zustand, reinigt euch und verändert eure Nahrung.

Gerne unterstützen wir euch bei diesem Prozess.

Bittet um Hilfe, und sie wird euch gewährt.

In Liebe und Demut, Meister Kuthumi

Meister Kuthumi, ich erinnere mich daran, immer ein Stück Schokolade oder Ähnliches in mich gestopft zu haben, wenn ich einen Energietermin beendet hatte oder nach sehr hoch schwingenden Meditationen. Ich sagte immer, ich erde mich damit wieder.

Indirekt hast du das auch getan, Siona Ana. Du warst in einer so hohen Schwingung, dass dich fror. Das passiert, wenn die Schwingung, mit der du gearbeitet hast, höher war als deine eigene Schwingung. Hättest du abgewartet, bis deine Schwingung der höheren angepasst war, hättest du nicht essen brauchen, und gleichzeitig wäre deine Schwingung angestiegen.

Heißt das, ich hätte meine eigene Schwingung schneller erhöht, wenn ich hinterher nichts gegessen hätte?

Ja und Nein. Jeder bekommt so viel Energie geschickt, wie er selbst vertragen kann. Energie ist gleich Schwingung. Manchmal war es an der Zeit, deine Schwingung zu erhöhen. Dann hast du gefroren. Das war schlagartig vorbei, als du gegessen hast. Du hast entschieden, deine Schwingung noch nicht anzupassen, also nicht zu erhöhen.

Ein anderes Mal hast du abgewartet und dich lieber in eine Decke gehüllt oder, noch besser, uns gebeten, dich zu wärmen. In diesem Moment hast du dich für die Schwingungserhöhung entschieden. Den Zeitpunkt hast du gewählt.

Vielen Dank für deine Erklärung, Meister Kuthumi.

Samstag, 09. Februar 2008

Sei gegrüßt an diesem frühen Morgen, liebe Siona Ana.

Ich, Sanat Kumara, spreche zu dir.

Du hast mich um Führung und Schulung gebeten. So sei es denn. Doch die Worte, die ich an dich richte, sollst du weitergeben. Weiter an alle Menschen, die bereit sind, sie zu empfangen.

Du bist in deinem Lichtprozess nun schon sehr weit vorangeschritten. Deine Reinigung ist fast vollzogen, und du bist dem Göttlichen näher denn je. Lass nun auch noch den Rest in dir los, der für Unbehagen in dir sorgt.

Du bemerkst selbst, dass Ängste und Wut nicht mehr in dir existieren. Jedoch kreisen deine Gedanken noch immer, und du versuchst, Lösungen für Dinge und Ereignisse zu finden, die nicht in deiner Hand liegen, sie zu lösen. Das sind Aufgaben, die nicht die deinen sind. Vertraue!

Wenn du darauf vertraust, dass alles seine Richtigkeit hat, werden sie von selbst verschwinden. Geh du an deine Aufgaben. Du kennst sie. Sie wurden dir bereits mitgeteilt.

Hier und heute wird dir meine Energie zuteil.

Ich hülle dich ein in die Energie von Sanat Kumara.

Ich führe dich durch das Tor, und Venus wird dein Begleiter sein.

Du bist das Licht und die Liebe.

Bringe sie zu den Menschen. Zu allen Menschen.

Ihr *alle* seid Schüler und Lehrer, ihr *alle* seid befugt, das Licht und die Liebe auf die Erde zurückzubringen.
Ihr *alle* seid aufgerufen, eure Schwingung zu erhöhen und euren gewählten Weg zu gehen.
Geht ihn mit Bedacht und in vollem Bewusstsein.

Licht und Liebe mit euch, Sanat Kumara

Dienstag, 12. Februar 2008

Hier spricht Erzengel Gabriel.

All meine Liebe und
all meine Hoffnung sind mit euch.

Seid euch der Göttlichkeit in euch und in allen Menschen immer gewahr.

Wenn ihr dieses fühlt und lebt, geht ihr euren Weg frei von Schmerz und frei von Blockaden.

Dann könnt ihr mit Freude die Schönheit und Fülle des Lebens genießen.

Spürt die Umarmung meiner Flügel.

So seid gegrüßt vom Engel der Reinheit und Hoffnung, Erzengel Gabriel

Teil III

Anleitung zum Lichtkörperprozess

Beginnt damit, euren Geist, eure Seele und euren Körper zu reinigen und in harmonischen Einklang zu bringen.

Achtet auf eure Nahrung. Dazu sage ich später beziehungsweise immer wieder mehr.

Geht hinaus in die Natur. Nur dort bekommt ihr euren Kopf frei. Die Luft wird euch während eures Lernprozesses guttun. Vielleicht wird euch manchmal schwindelig, doch geht trotzdem ein Stück. Die Bewegung ist wichtig für euren Körper und euren Energiehaushalt. Außerdem könnt ihr auf diese Weise gleich positive Energie aussenden.

Drückt euch positiv aus, selbst wenn ihr euch über etwas ärgert. Denkt immer daran, alles geschieht aus einem bestimmten Grund, alles und jeder hat seine Daseinsberechtigung.

Gehe, so oft du kannst, in dich. Meditiere. Lies ein Buch über das Licht, die Liebe oder sonst etwas Schönes. Es wird dich erfüllen.

Sei dir deiner gewahr. Immer. Lebe jetzt, nicht in der Vergangenheit und nicht in der möglichen Zukunft.
Du bist jetzt!

Denke daran, du bist auf deinem Weg. Was du aussendest wird dir irgendwann begegnen. Entweder gleich oder zeitverzögert später. Stehst du vor einer Aufgabe, überlege gut, ehe du sie löst. Hast du Ärger, überlege genau, was du gesendet hast. Suche zuerst in dir.

Suche deine Mitte. Hast du sie gefunden, suche danach, wie du dort bleibst. Hast du den Weg gefunden, kannst du das Ziel sehen.
Hast du dein Ziel fest vor Augen, erreiche es!
Dann bist du so weit, auch anderen Menschen zu helfen, ihr Ziel zu finden.

Beginne hier und jetzt!

Beginne!

Aller Anfang ist schwer. Erwarte also nicht, dass du sofort alles umsetzen kannst. Jedoch arbeite daran. Stetig. Je mehr du dieses bewusst tust, desto schneller geht es in dich über. Das Wichtigste, mit dem du anfangen sollst, ist, dich bewusst positiv auszudrücken.

Kommuniziere mit Lichtworten.

Weißt du dich einmal nicht positiv zu verhalten, auszudrücken, so bleibe in diesem Moment neutral. Suche in dir nach den richtigen Worten. Das mag dir sehr schwer vorkommen, ist es aber nicht.

Beginne mit einer Übung, einer Hausaufgabe:

Führe Buch über deine Gewohnheiten, über dein Tagesgeschehen. Schreibe dort hinein, was und wie du deinen Tag erlebt hast.

Achte dabei darauf, *alles* positiv zu formulieren.

Kannst du es nicht, so lass es weg. Schenke dem keine Beachtung. Vielleicht klappt es ein andermal. Denke an etwas Schönes. So verliert das Negative seine Bedeutung.

Und so beginnst du deine Reinigung.

Führst du eine Gruppe, so gib dieses an die Gruppe weiter und achte auf deren Wortwahl. Hilf ihnen zu erkennen.

Übe dich täglich in Meditation. Du kannst alleine medi-tieren oder in der Gruppe. Beides hat Vorteile.
Entscheide nach deinem Gefühl.

Erster Schritt: Die Anbindung

Sieh dir ein Bild des Kabbala Lebensbaums an. Die verschiedenen Lichtkreise sind verschiedenen Eigenschaften und Engeln zugeordnet. Präge sie dir gut ein.

Während der Meditation wird Folgendes geschehen:

Bitte die Engel um Führung. Sie werden dich an das oberste Tor, Kether, oder auch „Die Krone" genannt, bringen. Von hier aus wirst du deine Reise beginnen.

Du wirst die Tore durchschreiten, die dir Zugang verschaffen zu deinen ureigensten Erfahrungen. Du wirst dadurch Wissen „freischalten", das du dir längst in deinen verschiedenen Leben angeeignet hast. Es kann sein, dass du nur wenige Tore zu öffnen hast, vielleicht aber auch sehr viele. Manche können noch geschlossen bleiben, weil es noch nicht an der Zeit ist, sie zu öffnen. Gehe weiter.

Wenn du in Malkuth angekommen bist, beendest du deine Meditation.

Es wird eine Veränderung in dir vorgehen, und das ist gut so.

Beginne nun mit der Meditation.

☆

Schließe die Augen und spüre ganz bewusst die Berührung mit der Erde.

Atme bewusst ein und aus, spüre deine Beine, deine Arme, deinen Rücken, deinen Geist.

Atme gleichmäßig ein und aus.

Nun bitte dein Höheres Selbst, dich ganz zurück zum Ursprung zu führen.

Dein Weg beginnt. Jetzt!

Es ist hell. Um dich herum leuchtet es golden.

Bitte die Engel um Führung auf dem Weg zu deiner jetzigen Inkarnation auf der Erde.
Die Reise wird dich durch die verschieden Stationen des Lebensbaums führen, durch deren Tore du schreiten musst.

An jedem Tor erwartet dich ein Engel, nimmt dich an die Hand und führt dich sanft durch das für dich geöffnete Tor hindurch.

Durchschreite jedes einzelne Tor in dem Bewusstsein, dass sich dahinter dein Urwissen für dich öffnen wird.

Ganz aufmerksam und bewusst nimmst du die ver-

schiedenen Stationen wahr, durch die du gehst, um zur Erde zu kommen.

In Malkuth angekommen, atmest du tief bis in den Bauch und lässt mit dem Ausatmen alles los. Atme durch den Bauch aus.

Fühle deinen Körper, deinen Geist, die Verbundenheit mit der Erde.

Strecke dich lange und komme mit einem lauten Seufzen zurück ins Hier und Jetzt.

Öffne deine Augen.

Schreibe nun in dein Buch was du erlebt hast. So kannst du immer wieder nachlesen.

Wiederhole diese Meditation täglich, für mindestens eine, besser noch zwei Wochen.

Dann erst gehe weiter zum nächsten Schritt.

Zweiter Schritt: Die Mitte finden

Die Anbindung ist nun gefestigt.

Jetzt lerne dich kennen.

In den nächsten ein bis zwei Wochen sollst du eine neue Meditation erleben.

Gehe dazu in deine Mitte, das Hara. Finde dort die Ruhe und den Frieden.

Finde Zufriedenheit.

Sieh, was in dir steckt.

Sieh, wer du bist.

Lass dein Licht wachsen, bis es dich ganz und gar umgibt.

Leuchte!

Arbeite mit dir, in dir. Lass alles los, was nicht mehr zu dir gehört.

Reinige dich (das wird immer wieder nötig sein).

Wenn du Hilfe möchtest, dann rufe mich. Ich bin bei dir.

In meinem Tempel wird Reinigung vollzogen. Hier findest du Klarheit. Komm immer wieder zu mir.

Hier beginnt dein Aufstieg.

Schließe deine Augen und atme tief ein und langsam aus.

Atme dreimal bis in deinen Solarplexus und durch den Solarplexus wieder aus.

Lass beim Ausatmen alles los, was nicht mehr zu dir gehört.

Suche nun nach dem Licht in deinem Inneren.
Wenn du es gefunden hast, sieh es dir genau an. Schicke dem Licht all deine Liebe.

Nun lass es wachsen. Mit jedem Atemzug wird es größer und größer, bis es dich vollkommen umgibt.

Nun bitte deinen geistigen Führer, dich an den Ort zu bringen, der dich in deiner Entwicklung weiterbringen wird.

Hab Vertrauen und folge ihm.

Es kann ein Ort voller Farbenpracht sein.
Vielleicht bist du gerade am Meer, auf einem hohen Berg oder an einem wunderschönen See? Vielleicht in einer Steingrotte oder weit weg auf einem Stern?

Wo auch immer du bist, es ist ein Ort voller Glück und Harmonie. Tiefe Ruhe und Zufriedenheit breiten sich in dir aus.

Wenn du nun in dir ruhst und genug Kraft getankt hast, bitte deinen geistigen Führer darum, dich zurückzubringen.

Bedanke dich bei ihm.

Atme nun fünfmal tief ein und durch den Mund aus.

Spüre deinen Körper.

Spüre deine Arme, deine Beine, deinen Rücken und deinen Po und komme an im Hier und Jetzt.

Beim fünften Ausatmen öffnest du die Augen.

Spüre in dich. Fühlst du dein Licht? Kannst du sehen, wie du leuchtest?
Spürst du die Ruhe und Zufriedenheit, die dich erfüllen?
Fühle die Kraft in dir.

Nimm alles bewusst wahr.

Wenn du jetzt reinen Herzens, reiner Gedanken bist, kann es weitergehen.

Dritter Schritt: Der Spiegel

Nimm dir ein Bild mit der Blume des Lebens. Präge sie dir ein.

Dieses Bild ist wie ein Spiegel. Sieh in ihn hinein.

Die Blume des Lebens zeigt dir die Unendlichkeit.
Ohne Anfang.
Ohne Ende.

Entsprungen aus dem Nichts, gegangen durch die Unendlichkeit, kehrst du zurück zum Ursprung. Zurück zum Nichts, das alles ist.

Dem Nichts, einem Ort, an dem alles geschehen kann, an dem du alles erleben kannst.

Was immer es ist, was immer du möchtest.

Meditiere die nächsten zwei Wochen täglich mit der Blume des Lebens.

Stell dir dabei deine innigsten, aber reinsten Wünsche vor.

Stell sie dir so vor, als seien sie bereits Wirklichkeit.

Warte geduldig.

Sende dabei dein schönstes und hellstes Licht in die Welt, ins Universum.

Schließe die Augen und atme tief ein und langsam aus.

Stell eine Verbindung her zur Erde. Erde dich.
Nun verbinde dich mit dem Kosmos, mit deinem Höheren Selbst.

Atme siebenmal tief ein. Gehe dabei der Reihe nach und atme in alle Chakren ein und durch das jeweilige Chakra wieder aus.

Erster Atemzug – in das Stirnchakra – und durch das Stirnchakra wieder aus.

Zweiter Atemzug – in dasHalschakra – und durch das Halschakra wieder aus.

Dritter Atemzug – in das Herzchakra – und durch das Herzchakra wieder aus.

Vierter Atemzug – in den Solarplexus – und durch den Solarplexus wieder aus.

Fünfter Atemzug – in das Nabelchakra – und durch das Nabelchakra wieder aus.

Sechster Atemzug – in das Wurzelchakra – und durch das Wurzelchakra wieder aus.

Siebter Atemzug – in die Fußchakren – und durch die Fußchakren wieder aus.

Nun bitte einen Aufgestiegenen Meister an deine Seite, um dich zu führen.

Steige durch den Spiegel der Blume des Lebens und komme an in einem anderen Leben. Sei dir gewiss, du bist behütet und beschützt durch den Meister und die Engel an deiner Seite.

Dein Meister wird dich in verschiedene Leben führen.
Es werden Leben sein, aus denen du etwas Gelerntes mitnehmen kannst.
Es werden aber auch Leben sein, in denen du noch etwas zu bereinigen hast.

Heile dich selbst, indem du die dir gestellten Aufgaben gewissenhaft erledigst.

Wenn du Hilfe brauchst, so bitte den Meister an deiner Seite um Hilfe. Er wird sie dir gewähren.

Wenn du alles Offene erledigt hast und nun Wissen mitnehmen kannst, wird dich dein Meister durch die Blume des Lebens zurückbringen.

Steige nun wieder durch den Spiegel und komme im Hier und Jetzt an.
Atme fünfmal tief ein und durch den Mund aus.

Spüre deinen Geist.

Spüre deinen Körper.

Beim fünften Atemzug öffnest du die Augen.

Fühlst du eine Veränderung?

Das Leben ist Meditation.
Meditation im Stillen und Meditation im Wachen.

Vierter Schritt: Kosmische Kräfte

Verbinde dich während einer Meditation mit den kosmischen Kräften.

Dieses kann geschehen über das Bild eines kosmischen Kornkreises, über die Anrufung Ashtar Sherans oder mit der Bitte an dein Höheres Selbst, dich mit der richtigen Stelle zu verbinden.

Öffne dich und nimm an, was du an Information mitbekommst.

Arbeite mindestens eine Woche ganz intensiv damit.

Nun ziehe dich für zwei bis drei Tage zurück und nimm dir Zeit für dich und die Kommunikation mit dem Kosmos.

Fühle in dich.
Wie weit bist du?
Schaffst du es schon, dich positiv auszudrücken?
Wo spürst du Grenzen? Überlege genau und dann **überwinde deine Grenzen!**

Du kannst alles schaffen.

Verlasse dich auf niemanden – Vertraue!

Halte dein Buch immer bereit. Nimm es überall mit hin.

Notiere, was das Leben dir bringt.

Sei positiv, und du wirst sehen, dein Leben wird positiv und glücklich.

Selbst wenn dir jetzt noch Dinge geschehen, die dir negativ erscheinen mögen, vertraue. Womöglich sind es gerade jetzt mehr denn je. Das ist ein gutes Zeichen. Die Dinge deiner Vergangenheit kommen an die Oberfläche und werden verarbeitet. Es geht nun alles schneller. Erst wenn alles Karma bereinigt ist, kommt nur noch Gutes in dein Leben. Darum sende ab sofort nur noch positive Schwingung aus.

Nimm dir nun das Bild des kosmischen Kornkreises zur Hand. Präge es dir genau ein.

☆

Schließe die Augen und atme tief ein und aus.

Hol dir das Bild des Kornkreises vor dein inneres Auge.

Gehe beim Betrachten des Bildes von außen nach innen, bis hin zum kleinsten Punkt. Spüre, wie dein Geist ins All gezogen wird.

Bitte deinen geistigen Führer, dich an den Ort zu bringen, der dir genau jetzt weiterhelfen wird.

Du landest an einem Ort, an dem alles dunkel erscheint. Dringe durch bis zu seinem innersten Kern.

Dort ist es leuchtend hell.
Lichtwesen erwarten dich.
*Sie erzählen dir von deinen Aufgaben auf Erden. Du bekommst Informationen darüber, was **du** tun kannst, um eine wertvolle Hilfe zur Vorbereitung des Aufstiegs der Erde zu sein. Sie sagen dir, wo dein Platz ist im großen Erdenpuzzle.*

Eine Energie vollendender Liebe umhüllt dich.
Sei trotzdem wachsam und bleibe in dem Wissen, wer du bist.

Wenn du nun alles weißt, was du wissen sollst, taucht der Kornkreis wieder vor dir auf. Doch dieses Mal bist du der kleine Punkt in seiner Mitte.

Gehe nun nach außen und komme an in deinem Körper.

Atme dreimal tief ein und langsam aus. Öffne die Augen und sei voll in deinem Bewusstsein. Jetzt!

Fünfter Schritt: Das Gleichgewicht finden

Wenn du eine Woche lang täglich die Meditation mit dem kosmischen Kornkreis gegangen bist, geh erneut diese Reise, diesmal jedoch mit dem Symbol des Shri Yantra. Es wird dir helfen, deine Seiten auszugleichen (Männlich und Weiblich, Innen und Außen…) und verleiht dir gleichzeitig höchsten Schutz.

Die Reise wird die gleiche sein, bitte jedoch dieses Mal darum, nach Antares geführt zu werden.

Die Lichtwesen von Antares werden dich einweihen in deine Aufgaben und dir zeigen, wie du diese Aufgaben mit Hilfe **deiner** Kräfte, **deines** Wissens, meistern kannst.

Danach wirst du nach Hause auf die Erde gebracht. Wundere dich nicht. Dein Weg wird sein, als würdest du im Meer schwimmen. Ein Delfin wird dich begleiten, und ihr schwimmt abwärts. Tiefer und tiefer. Um dich herum wird es dunkel sein, nur euer Weg wird heller leuchten. Kleine Blasen oder Sternchen werden euch umhüllen. Dieses ist der Weg zurück zur Erde.

Der Delfin ist dein Führer.

Freue dich, denn es ist eine wundervolle Erfahrung.

☆☆☆

Sechster Schritt: Der Ausgleich

Mit dem Shri Yantra hast du schon einen großen Schritt in Richtung Ausgleich getan.

Arbeite nun mit einem BaGua-Spiegel, in dessen Mitte das Yin Yang entsteht.

Dort hinein lässt du deinen Geist gehen. Es kann sein, dass sich der Spiegel zu drehen beginnt. Um dich herum entstehen Zeichen und Symbole. Es sind Zeichen zur Überwindung von Raum und Zeit oder auch Programmierungen, die nur für dich von Bedeutung sind.

Sieh sie dir genau an, und wenn du kannst, präge sie dir gut ein.

Bitte dein Höheres Selbst, dich während dieser Meditation auszurichten. Yin und Yang sind allumfassend.

Erst wenn beide in Einklang stehen, bist du völlig in deiner Mitte.

Bring sie in Einklang.

☆

Schließe deine Augen und atme tief ein und aus.
Atme in deinen Solarplexus und durch den Solarplexus wieder aus.

Lass das Yin und Yang Symbol vor deinem inneren Auge entstehen.
Womöglich beginnt es, sich zu drehen.

Stell dich genau mitten hinein.

Zeichen und Symbole tauchen auf. Sie ziehen an dir vorüber. Versuche, sie dir zu merken.

Ziehe mit ihnen.

Spüre in dich. Gibt es etwas in dir, das noch nicht im Einklang ist? Wo ist ein Ungleichgewicht?
Mit Hilfe des Yin und Yang kannst du es nun ausgleichen.

Du kannst gerne den Meister oder die Engel an deiner Seite um Unterstützung bitten.

Wenn du merkst, dass du dich vollkommen in deiner Mitte befindest, komm zurück.

Atme dreimal tief ein und aus und öffne beim dritten Mal deine Augen.

Fühlst du die Gleichheit?

Während der letzten Wochen hat sich vieles in deinem Leben getan. Mag sein, dass du dich manchmal kraftlos und leer gefühlt hast. Möglicherweise hattest du das Bedürfnis, dich aus allem herauszuziehen. Das ist ein ganz normaler Vorgang. Du hast alte Wunden geheilt und vieles losgelassen, was dir nicht mehr dienlich ist. Das kostet Kraft.

Nun bist du dabei, alles hinter dir zu lassen, was dich begrenzt…

Siebter Schritt: Geist erschafft Materie

Ab heute beginnt ein neuer Abschnitt in deinem Leben.

Bevor du weitergehst, überlege dir genau, ob du es wirklich möchtest. Du wirst nun dein Leben selbst in die Hand nehmen und gestalten. Sei dir bewusst, das ist ein großer Schritt. Für alles, was nun in deinem Leben geschieht, was du tust, was du sagst, übernimmst **du** die volle Verantwortung. Das bedeutet, **du** übernimmst die Verantwortung für **dein** Leben.

Nur wenn du das mit einem klaren und von Herzen kommenden „JA" beantworten kannst, nur dann geh weiter.

Die folgende Meditation wird anders sein, als alles, was du je gemacht hast. Du wirst keine Bilder erhalten, sondern du wirst selbst bestimmen, was du sehen möchtest.

Es ist eine Vorstufe, eine Schulung für das, was danach geschehen wird, und für alle folgenden Meditationen.

Wenn du tatsächlich bereit bist, bann blättere jetzt um.

Der Geist herrscht nicht über die Materie, der Geist erschafft sie.

So, wie du denkst, so bist du.

Gedanken sind machtvoll. Du sendest sie aus, und sie zeigen ihre Wirkung.
Im Außen wie im Innen. In der Welt wie in dir.

Beginne mit einer kleinen Übung.

☆

Lass die Worte, die du hier gleich liest, als Bild in deinem Kopf entstehen: Elefant, Auto, Haus, Eis, Sonne, Amethyst, Buch, Blume.
Dann sieh dir einen angenehmen Filmausschnitt an, der dir besonders gut gefällt, oder ein tolles Musikvideo. Präge dir alles genau ein und lass dann nur den Ton laufen. Höre es dir mit geschlossenen Augen an und stell dir vor, du seiest diese Person. Fühle es.

(Wir haben in unserer Meditationsgruppe ein Musikvideo von Shakira gesehen. So haben wir zwei Aspekte gleichzeitig behandelt.
Tolle Musik, die Kraft verleiht, Schönheit und Ästhetik, Körperbeherrschung. Beim Anhören hat sich dann jeder bauchtanzend gesehen und bewusst auch mitgemacht, was zur Anregung der Kundalinienergie geführt hat.)

Sobald du das geschafft hast, lenke dein Leben.

Suche dir einen Aspekt in deinem Leben, den du ver-
ändern möchtest.

Denk genau darüber nach, wie du es verändern möch-
test. Es ist gut, wenn das zu deinem Besten geschehen
soll. Bedenke jedoch auch, dass es für niemand anderen
zum Nachteil wird. Nimm durch die Veränderung nieman-
dem etwas weg oder gar jemanden weg. Es ist ein kosmi-
sches Gesetz, dass man auf dem Unglück anderer nicht
sein eigenes Glück aufbauen kann. Denk immer daran!

Nun stell dir die veränderte Situation, Lebensweise,
genau so vor, als sei sie bereits Realität.

Lass sie vor deinem inneren Auge als Bild oder Film
entstehen und geh damit in die Meditation.

Lebe dort die von dir erschaffene Veränderung.

Möglicherweise kommen Bilder hinzu. Sieh dir diese
Bilder genau an. Sie können dir verraten, wie sich dein
Leben mit der Veränderung weiterentwickeln wird.

Noch hast du es nicht manifestiert. Gefällt es dir doch
nicht, so beende deine Meditation mit dem Gedanken, al-
les soll bleiben, wie es ist.

Möchtest du, dass die Veränderung in Kraft tritt, so be-
ende sie mit folgender Manifestation: „Mit der Erlaubnis
des göttlichen Willens wird sich mein Leben nach meinem
Wunsch verändern."

Bedanke dich.

An Anasha (Ausdruck der Dankbarkeit)

Wiederhole diese Meditation mindestens viermal.

Achter Schritt: Die sieben Siegel deines Lebens

Heute gehst du in die Meditation der sieben Siegel. Es ist eine schwierige und womöglich aufreibende Meditation. Bisher haben wir die Oberfläche und die Mitte gereinigt.
Diese Meditation geht in die Tiefe deiner Seele.
Sie wird dich mit all deinen Ängsten und deinen dunkelsten Seiten konfrontieren. Lass sie hinter dir und gehe immer weiter, bis **du** selbst Licht bist.

Die Siegel kannst du mit Toren vergleichen. Tor eins bis vier zeigt dir deine Dämonen. Hier siehst du deine niedersten Inkarnationen, deine Schuld, deine Albträume. Tor fünf ist so etwas wie ein Reinigungstor. Die Energie dort fühlt sich sehr neutral an. Tor sechs zeigt dir das Licht in dir. Je weiter du deinen Weg dort gehst, desto größer und heller wird dein Licht werden. Durchschreitest du Tor sieben, ist es hell. Denn nun bist **du** das Licht. Es kommt nicht mehr aus dir heraus, sondern **das Licht bist du**.

Beginne nun wieder mit ruhiger Musik.

Atme tief in deinen Bauch, und wenn du ausatmest, lass alles los.
Atme lichte, goldene Energie ein, fülle dein Solarplexuschakra damit auf und atme durch dieses Chakra aus.

Bitte deinen geistigen Führer, dich an die Tore der sieben Siegel zu bringen. Von hier kannst du alle Tore und alle Wege erkennen. Den Weg vom ersten Tor bis zum letzten Tor musst du dieses Mal jedoch alleine gehen. Der Meister an deiner Seite wird auf dich warten und über deinen Weg wachen.

Wenn du dich bereit fühlst, bitte um Öffnung des ersten Tors.

Gehe durch das Tor hindurch.
Noch fällt Licht in das Dunkel, und du kannst deinen Weg klar und deutlich erkennen.
Mach dich auf den Weg und suche das zweite Tor.
Sieh nicht nach links und nicht nach rechts. Gehe deinen Weg geradeaus.
Sollte dich etwas aufhalten wollen, so zögere nicht und gehe weiter.

Siehst du Bilder, so erschrick nicht. Wisse, dass dir nichts geschehen kann. Denn alles, was du siehst, bist du selbst.

Du stehst nun vor dem zweiten Tor. Es öffnet sich. Du gehst hindurch. Dunkelheit umgibt dich.

Wenn du genau hinsiehst, kannst du deinen Weg erkennen. Gehe ihn ohne Umwege. Das dritte Tor ist nicht weit

Du stehst nun vor Tor drei. Es öffnet sich, und wieder gehst du hindurch. Noch immer tiefe Dunkelheit. Doch deinen Weg kennst du schon. Gehe weiter zu Tor vier.

Wenn du Tor vier erreicht hast, wird es sich sofort öffnen. Diesen Weg gehst du rasch, aber aufmerksam.
Stolpere nicht und sieh auf keinen Fall zurück.
Es kann gut sein, dass dich etwas oder jemand davon abhalten möchte, Tor fünf zu erreichen. Möglicherweise versucht dir jemand einzureden, nicht hindurchzuschreiten.
Hab Mut und trotze diesem Wunsch in dir. Es ist die Angst in dir und das Unbehagen vor dem Unbekannten auf der anderen Seite.

Tor fünf öffnet sich. Gehe hindurch.
Dichter Nebel umfängt dich. Schreite langsam, aber stetig.

Es wird heller, und der Nebel lichtet sich.

Am Ende des Weges ist es taghell. Der Nebel ist verschwunden, und du fühlst dich leer. Die Schatten hast du nun hinter dir gelassen, kannst das Licht schon erahnen.

Tor sechs taucht vor dir auf.

Wenn es sich nun öffnet, überlege dir ganz genau, ob du es durchschreitest. Bist du durch dieses Tor gegangen, gibt es kein Zurück.

Hinter diesem Tor wartet das LICHT auf dich. Du wirst dann nichts anderes mehr sein wollen als Licht.

Das sechste Tor öffnet sich.

Sobald du es durchschritten hast, spürst du augenblicklich eine angenehme Wärme in dir. Die Leere füllt sich, und Liebe und Geborgenheit breiten sich in dir aus.

Gehe deinen Weg in vollem Bewusstsein.

Es wird heller und heller. Von weitem schon siehst du Tor sieben leuchten.

An Tor sieben angekommen, wirst du schon erwartet. Menschen haben sich eingefunden, die dich sehr lieben, dir nahestehen. Auch du spürst eine unbeschreibliche Liebe fließen, von dir zu ihnen hin.

*Umarme sie und lass **dein** Licht für sie leuchten. Zeige ihnen **deine** Liebe.*

Sachte öffnet sich Tor sieben.

Du hast keine Ahnung, was dich dahinter erwartet. Es ist etwas vollkommen Neues, und doch musst du dich genau jetzt entscheiden, ob du es durchschreiten möchtest oder nicht. Denn auch diesen letzten Schritt wirst du alleine gehen. Du kannst niemanden mitnehmen.

Hast du das Vertrauen, dass alles gut wird?

Dann löse dich von deinen Lieben und durchschreite das siebte Tor.

Du stehst nun in einem Raum hellsten Lichtes.
Ein Licht, das dir bekannt vorkommt, und doch weißt du, dass du es in diesem Leben noch nicht gesehen hast.

*Sieh dir das Licht genauer an. Sieh **dich** an.*
Du wirst erkennen, dass dieses Licht nicht von außen kommt.

Du bist das Licht.

Vollkommene Zufriedenheit erfüllt dein Wesen, dein Sein.

Nimm diese Zufriedenheit mit und strahle sie aus, wenn du jetzt in deinen Körper zurückkehrst.

Atme nun dreimal tief ein und langsam aus.

Fühle deinen Körper, strecke dich und öffne deine Augen.
Wenn du in vollem Bewusstsein bist, so spüre in dich.
Spürst du den Frieden in dir?
Siehst du dein Licht leuchten?
Dann trage es in die Welt hinaus.

Dienstag, 12. Februar 2008

Sanat Kumara spricht:

Reinigung kann immer und überall vollzogen werden.

Seid ihr in einer Meditation, so bittet vorher den Aufgestiegenen Meister Serapis Bey um seine Unterstützung. Er kann euer Seelenkleid von Anfang bis Ende mit seiner lichten Energie reinigen.

Während einer Energiebehandlung könnt ihr darum bitten, dass eurer Seele während dieser Zeit Einlass gestattet wird in die heiligen Hallen der Reinigung und Heilung.

Ihr könnt aber auch während eures normalen Tagesgeschehens Reinigung erfahren.

Nehmt ihr ein Bad oder eine Dusche, so wascht euren Körper rein und stellt euch vor, wie mit dem Abfließen des Wassers auch alle geistigen Belastungen weggespült werden.

Womöglich sitzt ihr neben einem Brunnen oder steht vor einem Wasserfall. So reinigt euch auch dort in Gedanken.

Mutter Natur bietet euch so viele Möglichkeiten der Reinigung.

Gedankenarbeit ist auch Meditationsarbeit.

Licht und Liebe mit euch,
Sanat Kumara

Neunter Schritt: Lichtmanifestation

Wenn du die letzten Wochen aufrichtig gearbeitet hast und immer wieder in die Meditationen gegangen bist, dann bist du so weit, den nächsten Schritt zu gehen.

Begib dich in eine neue Meditation und bitte Serapis Bey um Einlass in seinen Tempel.

Ruhe dort eine Weile und bitte ihn dann um vollständige Auflösung deines Karmas und um totale Reinigung. Bitte Serapis Bey dabei um die Manifestation des Lichts in dir.

Du wirst sicher schon Veränderungen in dir, in deinem Leben spüren. Wenn du die letzten Wochen darum bemüht warst, dich immer positiv auszudrücken, positiv zu denken und zu fühlen, dann sollte auch dein Leben inzwischen harmonischer und positiver sein.
Gibt es noch Unstimmigkeiten?

Überlege dir, wo kannst du noch etwas lernen, wann kannst du noch mehr positive Energie brauchen?

Sei achtsam im Umgang mit den Menschen um dich herum.

☆

Schließe deine Augen und atme tief in deinen Bauch.
Verbinde dich mit deinem Höheren Selbst.

Konzentriere dich dabei auf deine Schädelbasis und sprich dazu laut das Sanskrit Wort „Jud", dann „Ehjeh – Ascher – Ehjeh".

Sofort fließt göttliche Energie in dich.

Bitte nun Serapis Bey um Einlass in seinen Tempel der Reinigung.

Ruhe.

Nun bitte Serapis Bey um totale Reinigung all deiner Körperschichten und um vollständige Auflösung deines Karmas.

Eine Säule hellsten Lichts erscheint und umgibt dich.
Du erkennst weder deren Anfang noch deren Ende.
Versuche ihre Größe, ihre unendliche Weite zu erahnen.

Goldene Sternchen flimmern in der Lichtsäule.

Ein Lichtstrahl, wie ein Laser, gleitet in dein Kronenchakra. Spüre ihn.
Sanft und behutsam erfüllt er dein ganzes Sein, bis er am Wurzelchakra wieder austritt.

Wärme und Leichtigkeit erfüllen dich.
Tiefe Zufriedenheit ist in dir.
Das Licht ist in dir.

Sprich nun die Worte:

„Ich (deinen Namen) bin reinstes göttliches Licht und bedingungslose Liebe.
Das war ich von Anbeginn aller Zeit und werde es immer sein, bis in alle Ewigkeit."

Nimm dieses mit in deine Gegenwart.

Atme dieses Licht und die Liebe tief ein. Spüre sie in jedem einzelnen Chakra.
Spüre sie vor allem in deinem Herzchakra.

Atme nun für jedes Chakra einmal ein und aus. Also insgesamt siebenmal.

Beim achten Ausatmen öffnest du die Augen.

Fühle in dich.

Fühlst du die Leichtigkeit, die dich umgibt?
Spürst du die unendliche Liebe in dir?

Dann lebe es.
Das ist deine Bestimmung.

Zehnter Schritt: Das Pentagramm

Du hast nun gelernt, mit deinem Licht umzugehen.

Mit den nächsten Meditationen wirst du den Stern um dich herum aktivieren, und zwar aus deinem Innersten heraus.

Du wirst damit beginnen, einen fünfzackigen Stern, das Pentagramm, leuchten zu lassen. Das ist ganz leicht, denn der menschliche Körper basiert auf einem Pentagramm.

Zwei Füße, zwei Arme und der Kopf ergeben fünf Spitzen, die fünf Spitzen deines Sterns. Wenn du in diesem Stern stehst, lässt du ihn fliegen. Er beginnt sich zu drehen, und du kannst ihn steuern.

Diese Meditation solltest du im Liegen machen. Durch die Drehungen kann es sein, dass dir schwindelig wird.

Beginne im Stehen.

Breite deine Arme aus und stelle deine Füße in Schulterbreite.

Konzentriere dich auf deinen Hinterkopf, die Medulla[*)](oblongata, und sprich: **Jud.**

Warte einen Moment und sprich dann:
Ehjeh – Ascher – Ehjeh.

Die Verbindung zu deinem Höheren Selbst wird augenblicklich stattfinden.

Energie strömt durch dein Scheitelchakra in dich. Leite sie bis zu deinem Herzen. Dort fülle dich vollständig auf. Dann lass die Energie weiterlaufen in deine Beine, deine Füße. Spüre, wie sie aus den Fußchakren wieder austritt.

Das Gleiche machst du mit den Armen und den Handchakren.
Wenn du dann spürst, dass du wie ein leuchtender Stern dastehst, beginnt die eigentliche Meditation.

Setz oder leg dich hin.
Wenn du liegst, kann es hilfreich sein, die Arme und Bein wie im Stern von dir zu strecken.

[*)] Verlängertes Rückenmark im Hinterkopf

Beginne, ruhig zu atmen.

Atme ruhig und tief ein, bis in jedes einzelne Chakra, und langsam wieder aus.
Versorge jedes Chakra mit Licht und Liebe und, wenn du möchtest, mit den zugehörigen Farben.

Sieh den Stern, der du nun bist.
Mach dich mit ihm vertraut.

Bitte deinen Meister und/oder Engel um Unterstützung.

Dein Stern beginnt sich jetzt langsam zu drehen.
Bitte nun um Einlass in die Heiligen Hallen zur Vorbereitung des Aufstiegs.

Dein Stern dreht sich nun immer schneller.
Hab Vertrauen.

Augenblicklich fliegt er mit dir durch das Universum und bringt dich in den Tempel der Vorbereitung.

Viele Aufgestiegene Meister sind hier anwesend.
Begrüße sie freundlich und hab Geduld.

Es wird dich nun ein Meister abholen, um dich zu lehren.

Womöglich wird es ein einziger Meister sein, vielleicht aber auch mehrere hintereinander. Alles hat seine Richtigkeit.

Konzentriere dich darauf und nimm mit, was dir gegeben wird.
Das können Gegenstände, Erinnerungen oder Wissen sein.
Am Ende deiner Schulung wirst du verabschiedet.

Dein Stern beginnt sich wieder zu drehen und bringt dich zurück ins Hier und Jetzt.

Atme siebenmal tief ein und langsam aus.

Strecke dich.

Öffne mit dem siebten Atemzug deine Augen.

Womöglich ist dir jetzt etwas schwindelig.
Warte deshalb eine Weile, bis du aufstehst.

Das Licht ist in dir.

Elfter Schritt: Das Salomonsiegel *oder* Der Sechsstern

Hast du nun mindestens eine Woche mit dem fünfzackigen Stern gearbeitet, bist du bereit für den vorletzten Schritt.

☆

Bevor du beginnst, bitte um lichte, geistige Unterstützung. Ganz besonders um die Unterstützung des Meisters Lanto.[*]

Sprich die Anrufung laut, ebenso das Gebet.

Dann stell dich aufrecht hin.
Beginne, wie in der Meditation des Pentagramms.
Arme und Beine leicht auseinander.
Konzentriere dich auf die Medulla oblongata.

*Sprich **Jud** und **Ehjeh – Ascher – Ehjeh**.*
Energie fließt in dich bis zu deinem Herzen.

Nun lässt du die Energie deine Chakren abwärts fließen und durch das Wurzelchakra wieder austreten.

---

[*] Hier würde ich gerne auf das Kartenset von Jeanne Ruland hinweisen „Die Gegenwart der Meister", Schirner Verlag)

Verbinde dich mit deinem Erdchakra, das einige Zentimeter unterhalb deiner Füße liegt.

Anschließend lass die Energie in deine Fuß- und Handchakren fließen, sowie nach oben in dein Astralchakra (achtes Chakra).

Wenn du nun die sechs Spitzen deines Sterns erkennen kannst, leg dich hin und beginne mit der Meditation.

Atme ruhig und gleichmäßig.
Atme Licht in all deine Chakren.

Spüre die Ruhe und Wärme, die dich erfüllen.

Atme nun Licht in deinen sechszackigen Stern, bis er groß genug ist, um darin zu stehen.

Spüre die Gegenwart der Meister und Engel an deiner Seite.

Dein Stern, der eigentlich schon fast deine Merkabah ist, erhebt sich. Du kannst darin sitzen, liegen oder stehen.
Wie es für dich am bequemsten ist.
***Du** entscheidest.*

Langsam schwebt dein Stern aus dem Raum ins Universum. Und du schwebst mit.

Du bist schwerelos.
Spüre die Leichtigkeit.

Im Universum umgibt dich das Nichts.
Doch du leuchtest.
Vielleicht kannst du noch andere Sterne leuchten sehen.
Auch diese sind Seelen auf ihrem Weg.

Genieße das Schweben, die Ruhe.

Mach dich vertraut mit deinem Stern, der nun dein Raumschiff ist.

Deine Gedanken steuern deinen Stern.

Wenn du möchtest, kannst du ihn mit Farben füllen.

Du kannst ihn beschleunigen oder bremsen.
Dein Gedanke allein genügt.

Übe ein wenig, doch übertreibe nicht.
Sei achtsam.

Du hast nun keine Fragen mehr, denn alles, was du je wissen wolltest, weißt du.

Wenn du genug gesehen, gespürt hast, dann lande wieder vorsichtig auf der Erde.

Spüre noch einmal die Schwerelosigkeit und kehre dann in deinen Körper zurück.

Atme langsam ein und langsam aus.
Strecke dich.
Öffne deine Augen.

Fühlst du die Leichtigkeit?
Falls du frierst, hülle dich ein in eine Decke.
Von nun an geht vieles wie von selbst.

Sei du selbst.

Zwölfter Schritt: Die Merkabah aktivieren

Beginne, deinen Geist mit der göttlichen Essenz zu verbinden.

Zur Unterstützung kannst du Klänge (Klangschalen, CD, geführte Meditation) oder Ähnliches verwenden.

Beginne mit der Öffnung und Anbindung deiner Chakren.

Die vorangegangenen Meditationen können als Vorbild dienen.

Deine aktivierte Merkabah wird sich drehen. Sie wird schneller und schneller und dreht sich in alle Richtungen.

Je reiner dein Geist, desto schneller die Drehung, desto höher die Frequenz und schneller der Antrieb.

Dann, mit einem Mal, beginnst du zu reisen.

Nicht, wie du es bisher erlebt hast.

Stell dir einen Ort vor, denke an ihn, und im nächsten Moment wirst du dort sein.

Es gibt keine Raum- und Zeitbegrenzung mehr.

Du bist.

Gehe sorgsam mit diesem Wissen, dieser erlangten Qualität und Fähigkeit um.

Achte diese Gabe.

Sie wird dich an dein Ziel bringen.

So sei es!

Stell dich hin und atme ruhig und tief ein und langsam durch den Mund wieder aus.

Öffne und verbinde dich nun.
Konzentriere dich auf deinen Punkt am Hinterkopf, die Medulla oblongata, und sprich:
Jud, *danach* **Ehjeh – Ascher – Ehjeh.**
Konzentriere dich nun auf dein Herzchakra und sprich:
Ahawa – Echad – Ananda.

Versorge nun all deine Chakren mit Licht (Prana).
Erst wenn du sie als gefüllt empfindest, lass das Licht durch dich hindurchströmen und durch das Wurzelchakra austreten.

Dasselbe gilt für deine Fuß- und Handchakren und auch für das Erd- und Astralchakra.

Wenn du nun wieder als Stern mit sechs Spitzen dastehst, konzentriere dich auf die kleine Kugel in deinem Bauch.

Atme sie größer und größer.
Spätestens beim fünften Atemzug umgibt sie dich vollkommen. Sie umschließt deinen Stern, der inzwischen alle sechs Spitzen miteinander verbunden hat.

Diese Kugel ist der letzte fehlende Rest zu deiner Merkabah.

Du kannst nun stehenbleiben, dich setzen oder legen.

Beginne zu reisen.

Stell dir einen Ort vor. Dieser Ort kann auf der Erde sein oder auf einem anderen Planeten. Er kann in diesem Sonnensystem sein oder in einem anderen. Er kann in der Gegenwart, der Vergangenheit oder der Zukunft sein.
Er kann auch direkt bei Gott sein.

Denke an ihn, und augenblicklich wirst du dort sein.
Du musst nicht mehr schweben, nicht mehr fliegen. Du bewegst dich in Sekundenschnelle durch deinen bloßen Gedanken.

Besuche einige Orte und komme dann zurück ins Hier und Jetzt.

Strecke dich, öffne die Augen und trinke einen warmen Schluck Tee, der dich wieder wärmen wird.

Dann erst denke darüber nach, was du erlebt hast.

Durch deine stetigen Übungen wirst du deine Schwingung immer weiter erhöhen. Bis zum Aufstieg der Erde hast du noch genug Zeit, um dich vorzubereiten.

Verschwende sie nicht. Erhebe dich.

Das sind der Antrieb der Erde und deine Eintrittskarte ins Goldene Zeitalter.

Ich wünsche **dir** viel Erfolg und Freude,

Siona Ana

Kurze Zusammenfassung der Meditationen

Ich habe hier niedergeschrieben, was ich selbst erlebt habe. Die letzen Wochen und Monate habe ich diese Meditationsreihe mit fünf Teilnehmern erneut durchgeführt.

Wir alle konnten sichtbare positive Veränderungen vorzeigen.

Ich konnte die Fortschritte gut erkennen, die jeder Einzelne gemacht hat. Alle waren tatsächlich davon abhängig, wie gut jemand mitgearbeitet hat beziehungsweise seine „Hausaufgaben" machte.

Jedes einzelne Mitglied beschrieb Phasen der Reinigung wie folgt:

Am Anfang kamen viele längst vergessene Gefühle und Erlebnisse hoch. Tief sitzende Wunden rissen auf. Schmerzen am ganzen Körper (Magen-Darm, Kopf, Rücken, Muskelschmerz) machten für eine Weile bewegungsunfähig. Selbst die Augen (verschwommenes Sehen) und die Ohren (Hörverlust) litten unter dem Einfluss der Reinigung.

Doch trotz allem beschrieb sich jeder einzelne Teilnehmer als fit und kraftvoll.

Als diese Zeit vorüber war, stellten alle fest, dass sie sich nun tatsächlich gereinigt von allem Schmerz und Leid fühlten.

Nun konnte ich Aussagen verzeichnen wie:

Ich fühle mich so leicht, frei und unbeschwert und voller Zuversicht.

Ich bin voll positiver Gedanken und Gefühle, habe Vertrauen in Gott und in meine eigene Zukunft; bin ausgeglichen und gelassener.

Und jedes einzelne Mitglied der Meditationsrunde spürte eine gesteigerte Wahrnehmung und eine geistige Weiterentwicklung.

Am Ende der Meditation holten wir dann auch unsere Wunschzettel aus der Kiste, die wir zu Anfang der Meditationsreihe jeder für sich aufgeschrieben hatte.

Und siehe da.
Ein großer Teil hatte sich tatsächlich bereits erfüllt.

Ich bin sicher, auch der Rest wird sich im Laufe der Zeit noch erfüllen, wenn die Teilnehmer diesen Weg weitergehen.

Ich selbst habe während der Meditationen aufgehört zu essen. Auch das gehörte zur Reinigung dazu. Keine Angst, inzwischen esse ich wieder. Allerdings anders als zuvor. Bewusster und wesentlich weniger. Denn ich esse nicht mehr aus Langeweile oder Frust.

Die Mitglieder der Meditationsrunde hielten mich zu Anfang für verrückt (um es gelinde und so positiv wie möglich auszudrücken).

Sie werden es kaum glauben wollen, aber zwei von ihnen haben inzwischen aufgehört zu rauchen und denken tatsächlich ebenfalls über eine Art „Heilfasten" nach. Natürlich nur unter Kontrolle (die ich gerne übernehme).
Es gehört eben irgendwie zur Reinigung aller Körperschichten dazu.

Zum Abschluss der Runde haben wir uns dann ein gemeinsames Wochenende in einem Ferienpark gegönnt. Mit viel Spaß und Wellness pur. Die angebotenen Massagen wie Lomi Lomi, Ayurveda und Hot Stone haben dann noch die restliche Schlacken aus uns herausgeholt.
Nun fühlen wir uns wie neugeboren. *Schmunzel.*
Na gut, sagen wir: zumindest um Jahre kraftvoller.

Ihre Kerstin Lichtlein, oder gerne auch Siona Ana

Nachwort

Eine Freundin hat mich einmal mit Obelix verglichen. Sie sagte, ich käme ihr vor, als sei ich als Kind in einen spirituellen Zaubertrank gefallen.

Ich musste schmunzeln.

Der Vergleich ist zwar sehr süß, aber er stimmt nicht.

Während Obelix bei seinem Sturz in den Zaubertrank so viel Kraft abbekam, dass er nie wieder welchen trinken brauchte (und zu seinem Leidwesen auch nicht mehr durfte), habe ich mir meine Kraft, mein Wissen, über lange Zeit hart erarbeitet. Heute bin ich so weit, dass ich dieses Wissen nutzen kann, um meine Aufgaben zu meistern und meine Energien umzusetzen. Und doch weiß ich, ich bin noch immer nicht fertig.

Ich habe mein Lebensziel erkannt und setze dieses mit ganzem Krafteinsatz um. Dieses Ziel besteht darin, anderen Menschen zu helfen, ihr eigenes Ziel zu finden und zu leben, damit der Aufstieg der Erde gewährleistet ist. Sei es, dass ich Heilarbeit, Lehrarbeit oder Aufstiegsarbeit leiste. Alles ist wichtig.

Eines weiß ich genau:

Hat die Erde erst den Sprung geschafft, ist das Leben nicht vorbei. Es wird weitergehen, anders als jetzt. Schöner, angenehmer, leichter. Und es wird neue Ziele geben. Ich freue mich darauf, dabei zu sein.

Mögen viele Menschen das miterleben.

Wir sehen uns in der Neuen Zeit.

Siona Ana

Wer Kontakt zu mir aufnehmen möchte, der findet mich unter:

e-Mail: angel-heart1@gmx.de
Im Internet: www.reiki-lichtengel.de